Cal Newport

[美]卡尔·纽波特 著　范雪竹 译

A World Without Email

Reimagining Work in an Age of Communication Overload

过度互联

民主与建设出版社
·北京·

献给麦克斯、阿萨和约什：
希望你们的未来不会被收件箱支配

目　录

序　言 　　　　　　　　　　　　　　　　　　　　1

第一部分
过度活跃的群体思维

第一章　生产力下降的根源　　　　　　　　　15
第二章　我们悲惨生活的罪魁祸首　　　　　　48
第三章　电子邮件有自己的想法　　　　　　　77

第二部分
远离过度互联的指导原则

第四章　注意力资本原则　　　　　　　　　　111
第五章　过程原则　　　　　　　　　　　　　149
第六章　协议原则　　　　　　　　　　　　　191
第七章　专业化原则　　　　　　　　　　　　227

结　论　　　　　　　　　　　　　　　　　　271
致　谢　　　　　　　　　　　　　　　　　　277
参考文献　　　　　　　　　　　　　　　　　279

序　言

过度活跃的群体思维

2010年底，尼什·阿查里亚（Nish Acharya）来到华盛顿特区，准备开始工作。总统巴拉克·奥巴马（Barack Obama）任命阿查里亚为创新与创业领域负责人，兼任商务部长的高级顾问。阿查里亚的职责是协调26个不同的联邦机构和超过500所大学，分配1亿美元的预算，这意味着他会具有华盛顿特区特权人士的典型特征：智能手机不离手，信息往来不间断。但后来，网络瘫痪了。

那是一个星期二的早上，此时的阿查里亚履新不过数月。阿查里亚的首席技术官发来一封解释邮件——由于电脑病毒入侵，他们办公室需要暂时关闭网络连接。在我后来针对此次事件采访阿查里亚时，他说："我们希望这个问题能在几天内解决。"但是事实证明他们过于乐观了。在接下来的一周，商务部的一位副部长召集了一次会议，会上她说他们怀疑入侵办公室网络的病毒来自境外势力，而国土安全部建议在追踪攻击来源时保持网络关闭。为安全起见，他们还会销毁办公室所有的台式电脑、笔记本电脑、打印机以及其他带芯片的东西。

关闭网络造成的最大影响之一就是办公室失去了收发电子邮件的渠道。出于安全方面的考虑，他们很难通过私人邮箱来完成政府工作，而官僚主义的条条框框也阻止他们使用其他机构的网络来建立临时账户。疯狂的数字信息如乒乓球般你来我往、喋喋不休（这正是联邦政府内部大多数高层工作的特点），而阿查里亚和自己的团队彻底切断了这些联系。网络持续关闭了6个星期。他们将这一切开始的那天称为"黑色星期二"，颇有点幽默意味。

突然失去了电子邮件，阿查里亚的部分工作变得像地狱般可怕。这一点丝毫不让人意外，因为政府的其他部门仍然高度依赖电子邮件这一工具，阿查里亚时常担心自己会错过重要的会议或者请求。"当时有一条其他的信息管道，"他解释道，"但我不在其中。"另一个困难就是难以组织后勤工作。阿查里亚的工作需要组织很多会议，没有办法通过电子邮件来协调，这项任务会非常麻烦。

不过，阿查里亚的工作在这6周里并没有陷入停顿，让人意外的是，阿查里亚注意到自己的工作反而越做越好。因为无法简单快速地发出一封邮件，所以当他有问题要问时，就会离开办公室，与他人面对面交谈。因为安排预约并非易事，所以阿查里亚会延长一次会面的时间，以便真正了解会面的对象，理解他们问题的细节。阿查里亚解释，对一位刚刚接受政治任命、试图了解联邦政府微妙动态的新手来说，这些额外花费的时间"很有价值"。

在会议间隙，阿查里亚无须查看收件箱，开启了意识停工期——阿查里亚称之为"空白"——他可以更深入地钻研相关议题的研究文献和法律法规。这种更缓慢、更深思熟虑的思考方式贡献了两个突破性的想法，最终为阿查里亚所在的机构确定了接下来一整年的议程。"在华盛顿的政治环境下，没有人会给自己留这种空白。"阿查里亚告诉我，"但看手机、查邮件让人神经过敏，这样会伤害创造力。"

当我和阿查里亚谈起黑色星期二及后续事件时，我突然意识到，关闭邮件带来的像地狱般可怕的重重困难似乎是可以解决的。举个例子，阿查里亚承认由于担心自己被排除在信息管道之外，他会每天给白宫打电话询问是否有自己需要知道的会议，而这样一个简单的习惯就能缓解焦虑。而想必一位专职助理或者团队里的初级成员就能完成这项打电话的任务。另一桩烦心事——安排会议，或许也能通过助理或者自动日程安排系统处理。换句话说，关闭邮件的深远益处似乎可以保留，同时也能避免随之而来的麻烦。当我向阿查里亚提出关闭邮件的想法，问他"你觉得这样工作怎么样？"，结果电话那头一阵沉默。这想法是如此荒诞不经——工作时永远不用电子邮件——以至于阿查里亚一下子呆住了。

■ ■ ■

阿查里亚的反应并不让人意外。在现代知识型工作中，为人广泛接受的前提之一就是电子邮件拯救了我们，它改变了古板老套的办公室。曾经在办公室里，秘书们潦草地记录着电话留言，邮件推车送来纸质备忘录，是电子邮件将办公室变得更加时髦和高效。在这个前提下，如果电子邮件或即时通信工具让你感到不堪重负，那肯定是因为你的个人习惯太过马虎了——你需要定期批量检查收件箱，关闭提醒，把主题写得更清楚！如果邮件过载的问题实在太严重，那么你所在的机构或许应该从整体上调整邮件规范以及对回应时效的期待。但是，定义现代工作的无休止的电子通信，其背后隐含的价值却从未受到质疑，好像质疑是一种无可救药的、保守的怀旧行为，就像怀念曾经的马车交通或浪漫烛光一样。

从这个角度看，阿查里亚的黑色星期二确实是一场灾难，但如果把这一切反过来看呢？如果电子邮件并没有减轻我们的知识工作，相反，用微小便利极大地拖累了实际生产力（不是表面忙碌，而是实际结果），导致过去 20 年的经济增长更加缓慢呢？如果这个工具的问题并不在于那些容易改正的坏习惯和散漫规定，而是明确改变了工作的本质呢？换句话说，也许黑色星期二并不是一场灾难，而是预见了在不久的将来，最具创新能力的高管和企业家将如何组织自己的工作。

■ ■ ■

至少在过去的 5 年里，我都沉迷于研究电子邮件是如何破坏工作的。这项研究的重要转折点出现在 2016 年。那年我出版了《深度工作》(Deep Work) 一书——意外地大受欢迎。书中的主要观点是知识型工作轻视了专注力的重要性。使用数字信息进行快速沟通的能力固然有用，但是这种行为带来的频繁干扰让我们难以集中注意力，这影响了我们提供有价值产出的能力，而这种影响可能比我们察觉到的更大。在《深度工作》中，我并没有花很多篇幅研究我们如何淹没在邮件中，也没有系统性提出改善建议。当时我认为这个问题源自信息不足，只要组织机构意识到专注的重要性，他们就会轻而易举地改进流程，把专注列为头等大事。

我发现自己还是太乐观了。当我在美国各地介绍自己的书并且与高级管理人员、雇员见面后，我在博客上发表了这一话题的更多内容，也在诸如《纽约时报》(The New York Times) 和《纽约客》(The New Yorker) 这样的出版物上发表了相关文章。我对知识型工作领域的现状有了更严肃、更具体的见解。无休止的电子邮件沟通并不会阻碍工作，但它们与完成工作的方式"纠缠不清"。我们原本可以通过更好的习惯或类似"周五无电邮日"这类短期管理技巧来减少注意力分散，但连续不断的邮件阻止了这些努力。很明显，想要真正改变这一局面，我们需要从根本上改变工作的组织方式。还有一点也很明确，就是这些改变不会来得太快：尽管电子邮件过载在21世纪的头几年还是一种时髦的烦恼，但这一问题却愈演愈烈，许多人已经达到了临界点——真正有效的产出时间被挤压到了清晨、夜间和周末。在工作日，他们不得不与收件箱进行西西弗斯式的搏斗——一种独特但令人痛苦的工作方式。

本书就是我应对这一危机的尝试。我想知道无休止沟通的文化究竟是怎样形成的？这是我第一次把所有信息集合在一起，不但想了解这种文化对生产力和心理健康造成的影响，还要探索什么才是最理想的工作方式。没有电子邮件的世界——这一想法非常激进，足以让尼什·阿查里亚猝不及防，但是我相信这一愿景不仅可能实现，也必然将实现，我写这本书的目的就是为这场即将到来的革命描绘一幅蓝图。而在此之前，我们必须先对目前的问题有清晰的认识。

■　■　■

20世纪80年代到90年代，电子邮件席卷职场，它带来了新的变化：大规模的低阻力沟通。有了这个新工具，原本与人沟通所需的高昂的时间成本和社会成本都几乎骤减至零。作家克里斯·安德森（Chris Anderson）在他2009年出版的《免费》（*Free*）一书中发现，把成本降低为零的驱动力"极其神秘"[1]，这解释了为什么极少有人预测到了免费通信引发的变化。我们不仅把原来的语音留言、传真和手写备忘录转换成了这种更新、更方便的电子媒介，也彻底颠覆了原本开展日常工作的流程。我们开始以前所未有的频率进行交谈，曾经粗糙、松散的工作活动理顺了，变成了一整天的喋喋不休，模糊了实际工作的边界。

有研究预测，到 2019 年，普通职员每天要收发 126 封工作邮件，也就是每 4 分钟一封。[2] 最近，一家名叫 RescueTime 的软件公司直接通过时间跟踪软件计算出其用户平均每 6 分钟就要查看一次邮箱或者即时通信工具。[3] 加州大学尔湾分校的一个团队也进行了类似的实验，他们记录了一家大型公司的 40 名雇员在 12 个工作日内的电脑使用行为，结果发现这些员工平均每天检查收件箱 77 次，最频繁的用户每天要查看收件箱 400 次以上。[4] 此外，Adobe 公司进行的一项调查显示，知识型工作者自述每天花在收发工作邮件上的时间超过了 3 小时。[5]

由此看来，电子邮件本身并不是问题，邮件带来的新型工作方式才是问题所在。为了帮助我们更好地理解这个新的工作流程，我给出如下定义：

过度活跃的群体思维

一种以持续不断的对话为中心的工作流程，通过电子邮件和即时通信服务等数字沟通工具，传递结构凌乱且毫无计划性的信息。

过度活跃的群体思维在知识型工作领域已经无处不在。不管是计算机程序员、营销顾问、经理、编辑，还是教授，一天里的大部分时间往往都是围绕着所在机构的群体思维式对话来安排的。这种工作流程让我们花费高达 1/3 的工作时间来查看收件箱，每 6 分钟就要刷新一次邮件。如今我们对此习以为常，但如果放在近代的背景中审视，这意味着一种工作文化的转变。这种转变非常剧烈，如果不经审视就允许它发生，无疑是荒谬的。

公平地讲，过度活跃的群体思维也不是什么坏主意。这种工作流程的优点之一就是它非常简单，但具有令人吃惊的适应性。正如一位研究者所说，电子邮件这种简单的工具几乎可以适用于所有的知识型工作。相比有的工作需要掌握特别定制的数字系统，电子邮件的学习曲线更短；结构凌乱的对话也是识别意外挑战和快速回应的有效方法。

但是电子邮件自然而然地导致了过度活跃的群体思维，最终引发低效，这一点我会在本书的第一部分展开讨论。我们可以从心理层面找到失败的原因。除了在极小范围内（比如两三个人）实施，否则这种结构混乱的合作方式与人类大脑进化出来的运行方式根本无法匹配。如果你所在的机构依赖群体思维，那么你肯定无法一直忽略自己的收件箱或聊天软件，结果不得不放慢进度。群体思维下无休止的互动要求你频繁地从工作中抽身，把注意力转移到讨论上，随后再重新回到工作中。心理学和神经领域的开创性研究发现，这种场景切换，即使再短暂，也会引发心理能量的巨大消耗——不仅会降低认知表现，还会产生疲惫感，同时降低效率。快速分派任务或征求反馈的能力看似是在提高效率，但是从长远来看，这种行为很可能会降低生产力，导致需要更多时间和费用来完成相同的工作量，我会在后续章节对此进行说明。

在本书的第一部分，我会详细解释群体思维工作流程是如何与我们大脑中的社交回路发生冲突的。从理智上讲，你知道自己收件箱里的 600 封未读邮件并没有那么重要，你也提醒自己这些邮件的发件人也都有更重要的事情去做，他们不会满怀期待地在电脑前盯着屏幕，咒骂你回复得太迟了。但是，大脑中进化出的更深层的部分（这些部分会留意细微的社会动态，人类因此得以从旧石器时代蓬勃发展至今）仍然会关注它认为你忽视了的社会义务。在这种社交回路下，这意味着部落里的成员试图引起你的注意，而你却视而不见——大脑会认定这是紧急事件。这种持续不安的状态导致焦虑已经成为轻度的嘈杂背景音。许多被收件箱束缚的知识型工作者都认为这是不可避免的，但这实际上是现代工具与古老大脑之间无法匹配的不幸产物。

问题很明显——为什么我们要采用这种一无是处的工作流程？群体思维崛起背后的故事很复杂，我会在第一部分的结尾加以解释。没有人真正赞同这是一个好主意，而且从某种意义上说，这是我们自愿的选择。出于某种原因，我们将疯狂的沟通交流视作工作的同义词，但很大程度上，这是我们自己的回溯性叙事，目的是理解在复杂动力驱使下发生的突然变化。

了解我们当下工作方式背后的随意性，也许比任何事都能驱使我们寻找更好的选项。这正是我撰写本书第二部分的目的。在第二部分当中，我引入了一个框架——注意力资本理论，即我们应该围绕专门设计的工序创建工作流程，这些工序能最大限度地利用大脑，同时把不必要的痛苦降至最低。虽然听上去理应如此，但在实际操作中，这与知识型工作管理的标准思维方式大相径庭。在影响力巨大的商业思想家彼得·德鲁克（Peter Drucker）的思想驱使下，我们倾向于把知识型工作者看作一个个有自主决策权的黑箱——不关心他们如何完成工作，而是专注于为他们提供清晰的目标和激励性的领导方式。这是一个错误。知识型领域蕴藏着巨大的潜在生产力，但想要解锁它，我们需要更加系统地思考什么是最好的组织方式，如何将人类大脑连接在一起，用可持续的方式尽可能地创造最大的价值。提示：正确答案不太可能是每 6 分钟查看一次邮件。

在本书的第二部分，我探索了应用注意力资本理论的一系列原则，如何重建组织、团队和个人工作的流程，远离过度活跃的群体思维，转向结构清晰的路径，避免再次出现无休止沟通引发的问题。一些前沿案例为这些原则提供了想法，有部分组织实践了新的工作流程，最大限度地减少了计划外的沟通。其他的想法则来自数字网络出现之前的实践，它们使复杂的知识型机构也能高效运转。

第二部分的原则并不是让你摒弃通信技术，比如电子邮件和即时通信工具。这些工具当然是非常有用的沟通手段，并且出于某种立场而使用老旧不便的技术，无疑是倒行逆施。但是这些原则可以促使你减少数字通信，让数字通信的频率从持续存在变为偶尔出现。所以，本书并不是倡导一个放弃 SMTP 和 POP3 的世界，而是希望你将每天的大部分时间用在真正困难的工作上，而不是流于表面空谈，或者是在邮件里循环往复地发送小任务。

这个建议适用于很多人，包括想彻底改革公司运营的商业领袖、希望提升效率的团队、渴望生产价值最大化的个人企业家和自由职业者，也包括想从注意力资本角度改善沟通习惯的员工。有鉴于此，我的例子既有大范围的，例如首席执行官对公司文化带来的巨大改变，也有小规模的，例如我自己的试验——借鉴软件开发的系统，将通过收件箱接收行政类任务转换为更有条理的形式。

当然，第二部分的建议并不是万能钥匙，在应用时需要区分具体的场景。举个例子，如果你所在的公司仍然将过度活跃的群体思维奉为圭臬，你就只能先在自己身上做出一些改变，以免激怒同事。因此，在将这些改变付诸实践时，你也需要谨慎选择具体策略。（我会通过一些例子来帮助你选择——如何将各种不同原则应用于个人场景。）同理，如果你是初创公司的企业家，相比大型公司的首席执行官，你可以更好地尝试全新的工作流程。

但是我坚信，开始对过度活跃的群体思维流程进行批判性思考并系统性使用更符合人脑的流程，所有人或组织都会因此而拥有巨大的竞争优势。未来的工作与认知的关系会更加紧密，这意味着越早严肃对待人脑真正的运转方式并寻找能最大限度符合这一现实的策略，我们就能越快地意识到：过度活跃的群体思维虽然方便，但却是灾难性的、无效的工作组织方式。

所以，这本书不该被理解为保守或者反对科学技术，相反，本书传达的信息完全是面向未来的。如果我们想在职业环境中充分挖掘数字网络的潜力，就必须不断积极优化使用方式。批判过度活跃的群体思维绝非卢德主义的表现，改进的真正障碍是沉迷于这种粗笨工作流程的简单舒适，而放弃进一步优化它。

没有电子邮件的世界不是倒退，而是朝着令人兴奋的科技化未来迈出了前进的步伐。知识型工作领域的亨利·福特（Henry Ford）虽然还没有出现，但是和流水线这一发明具有同等影响力的流程创新却是大势所趋。我无法预知未来的全部细节，但是我确信每6分钟查看一次收件箱的行为不会出现在未来世界里。没有电子邮件的世界即将到来，我希望这本书能让你和我一样，对它的潜力感到激动不已。

第一部分

过度活跃的群体思维

第一章

生产力下降的根源

过度活跃的群体思维的隐藏成本

当我第一次见到肖恩时,他跟我讲了一个与沟通有关的故事,这个故事听起来很熟悉,发生在他自己的公司。肖恩是一家小型科技公司的联合创始人之一,公司的主营业务是为大型机构设计内部使用的应用程序。公司有 7 位雇员不在伦敦的办公室工作,他们曾经都沉迷于过度活跃的群体思维式工作流程。"我们曾经一直开着 Gmail。"肖恩告诉我,"每件事都是用电子邮件来解决的。"早上一睁眼,肖恩就会开始收发信息,一直持续到深夜。一位员工甚至要求肖恩不要这么晚还发邮件,因为在自己睡觉时,老板的邮件一封接一封,堆积的邮件会让他倍感压力。

随后,过度活跃的群体思维又转向了一个新的工具。"当时,即时通信工具 Slack 的宣传铺天盖地,所以我们决定试一试。"肖恩还记得当时的情形。结果信息你来我往的频率更高了,尤其是一位要求严苛的客户加入了他们的内部沟通后——客户允许他们随时查看信息和提问。"持续不断的打扰,每天都是如此。"肖恩感觉自己的注意力从沟通转移到工作,再从工作转移到沟通,这一过程削弱了他清晰思考的能力。他开始厌恶手机的提示音:"我恨提示音,这声音至今都让我不寒而栗。"肖恩担心这些沟通带来的精神折磨会降低公司的效率。"我每天晚上都会工作到凌晨 1 点。"他说,"因为这是我唯一不受打扰的时间段。"他也开始怀疑这种喋喋不休到底是不是工作的核心。当检视自己团队使用 Slack 的情况时,他发现最受欢迎的功能是在聊天对话中插入动图。两位项目总监突然辞职了,肖恩陷入了低谷:"他们已经精疲力竭了。"

■ ■ ■

肖恩灰心丧气,他觉得这些数字信息的循环往复让团队变得效率低下,而这种感觉已经非常普遍了。作为本书研究的一部分,我在 2019 年秋天曾邀请我的读者们参与一项调查,内容是电子邮件(以及其他即时通信工具)在他们职业生涯中的角色。超过 1500 人回复了问卷,而且很多人与肖恩的观点不谋而合。回应并不针对工具本身(很明显这些工具是高效的沟通方式),而是针对这些工具带来的过度活跃的群体思维。

在这些回复中,主线之一是关于这种工作流程产生的海量通信。"每天，日程安排和告知截止日期的邮件像连珠炮一般涌入邮箱，但并没有有效利用。"一位名叫阿特·乔治（Art George）的律师写道。另一位律师说自己的邮箱里有"雪崩般的邮件"，而重要的东西却会消失不见。

把对话扩展成无休止的信息往复，由此带来效率低下是读者回复的另一条主线。"这种不同步的本质，是福也是祸。"一位名叫瑞贝卡的金融分析师写道，"说它是福，是因为我可以在无须见到一个人的前提下提出问题或分派任务。说它是祸，是因为我们都有一种隐藏的期望——大家随时都在查看邮件，并且能快速回应。"一位 IT 项目经理也有类似抱怨："明明是简单的对话，可以在数小时之内处理完毕，最后却演变成了冗长的邮件往来，而收件人也越来越多。"一位公共服务管理人员发现，把这些人际互动转变为数字信息会"过于正式"，同时"缺少创造力或者难以切中要害"。正如她所说："一个项目或任务原本可以由一组人面对面地、相对简单地完成，但如果用电子邮件来来回回地沟通，复杂程度就会直线上升。"

关于邮件降低生产力的另一个常见论点是它会突然迫使你处理大量无关信息。"收到那么多的进度更新，我感到很沮丧……因为这些更新跟我的工作毫无关系。"一位名叫杰伊的老师这样写道。"现在，人们把答复邮件和真正的工作混为一谈。"另一位名叫斯蒂芬妮的编辑这样留言，"写邮件，然后抄送给每个人，这是一种表演行为，好像在说'你们看看，我做了这么多工作',这太烦人了。"正如人力资源咨询顾问安德莉亚所说:"至少在 50% 的邮件中,你还有问题没回答……你会有这样一种感觉,发件人只是为了抛出邮件,他根本不在意我该如何回复。"

跟肖恩的故事一样,受访者们也没有放过 Slack 这样的即时通信工具——许多读者将它们描述为希望得到更快回复的简单版电子邮件。"Slack 只是一连串的信息,它对发送的内容几乎没有任何限制。"一位名叫马克的经理人教练表示,"这太糟糕了。"

当然,上述故事都是坊间逸事。但正如我在下文中阐释的那样,当你关注研究文献时,你会清楚地看到,受访者提到的那些问题比我们意识到的还要糟糕。电子邮件可能会让某些活动变得高效,但科学证明这种技术带来的过度活跃的群体思维式工作流程是整体生产力的巨大灾难。

无休无止、没完没了地疯狂处理多重任务

20 世纪 90 年代末期,格洛丽亚·马克(Gloria Mark)有着令人艳羡的职业生涯。她的研究领域是计算机支持协同工作,顾名思义,就是研究计算机这种新科技如何帮助人们更高效地完成工作。虽然计算机支持协同工作早在 20 世纪 70 年代就已经兴起,但当时的研究还聚焦在信息管理系统和过程自动化这种枯燥的议题上,直到 20 世纪 90 年代,计算机网络和互联网赋予了工作者全新的工作方式,也给计算机支持协同工作的研究注入了

活力。

当时,格洛丽亚·马克在位于波恩的德国国家信息技术研究中心当研究员,她告诉我,当时她在那里"可以研究自己想研究的任何东西"。在实践中,这意味着马克可以同时"深入研究"少量的项目,其中大部分关于新的协同软件。在她的研究中,有一个名为 DOLPHIN 的超媒体系统,试图让会议更加高效;还有一个名为 PoliTeam 的数字文件处理系统,旨在简化政府部门里的文书工作。在德国文化里,午餐是一日三餐里的重头戏。马克说她会跟同事们一起悠闲地享用午餐,随后在校园里长时间散步——他们把这个叫"巡回演讲"——一边消化午餐,一边推敲有趣的想法。"那里很美,"她告诉我,"学校里还有一座城堡呢。"

1999 年,格洛丽亚·马克觉得是时候回到祖国美国了。她和丈夫都在加州大学尔湾分校找到了学术工作,所以他们收拾行囊,挥别了长时间的深度工作、悠闲午餐和城堡边的"巡回演讲",一路向西返回美国。开启美国的学术工作之后,格洛丽亚·马克立刻被周围每个人的忙碌程度震惊了。"我很难集中注意力。"她说,"我有太多项目要做了。"在德国享用的悠闲午餐已经成了遥远的回忆。"我几乎没空去买三明治或者沙拉当午餐。"马克说,"当我回来的时候,我发现同事们都在自己的办公室里对着电脑屏幕吃饭。"这种工作习惯为什么会变得如此普遍?马克对此感到好奇。于是,她说服一家本地的知识型公司,允许她的团队追踪公司内14名员工在3个工作日里的行为。研究团队密切观察着员工们,精确地记录下他们如何分配时间。这项研究的结果后来成了一篇闻名遐迩的论文(或是一篇臭名昭著的论文,取决于你的立场),发表在2004年的一次人机交互会议上。论文标题也颇具争议性,引用了一位研究对象对一个典型工作日的描述:"无休无止、没完没了地疯狂处理多重任务。"[1]

"研究证明了许多同事和我自己一段时间以来的非正式观察结果:信息工作非常碎片化。"马克和她的合著者维克多·冈萨雷斯(Victor González)在论文中写道,"让我们惊诧的是这种碎片化的程度。"一旦你取消了安排的会议,被追踪的员工平均每3分钟就会把自己的注意力转向另一个新任务,这就是这篇论文的核心发现。刚回到加州时,马克的注意力总是突然被拉扯到不同的方向,这种经历并非她一人独有,这似乎是知识型工作领域开始出现的一种普遍特征。

当我问马克出现这种碎片化的原因时,她快速地回答:"是电子邮件。"得出这个结论的一部分原因是她再次深入研究了相关文献。至少从20世纪60年代开始,研究者们就开始记录管理人员分配工作时间的方式了。虽然随着时间推移,时间分配的类别有所变化,但有两个主要的工作类别始终没变:"预定的会议"和"案头工作"。马克研究了1965年以来的一系列论文,总结了关于这两类工作的发现,并在2006年对原先发表的论文进行了后续研究。

马克把这些结果做成了一个单独的数据表，一个趋势清晰地出现在我们眼前。1965年到1984年，雇员们大约有20%的工作时间花在"案头工作"上，参与"预定的会议"的时间占据了差不多40%；而从2002年开始，二者的时间占比基本对调了。是什么造成了这种变化？马克指出，在1984年到2002年之间，"电子邮件变得非常普及"。[2]

当电子邮件现身于现代工作场所后，人们无须跟同事共处一室讨论工作，只需要在方便时用电子信息来交流就行。在这些研究中，使用邮件被归类为"案头工作"，所以工作者花在案头工作的时间增加了，而花在预定的会议上的时间减少了。但是，跟预定的会议不同，电子邮件发起的对话并非同步进行，信息发送和最终阅读信息之间通常存在着时间差。这意味着，原本紧凑互动的会议现在成了零散、破碎的——一天到晚快速查看收件箱。在马克和冈萨雷斯的研究中，会议平均耗时近42分钟，而工作者在转向其他事情之前，花费在收件箱上的平均时间只有2分22秒。如今的互动都以小碎片的形式出现，而对一个典型的知识型工作者而言，一天里的其他工作变得支离破碎。

正是从这些十多年前的论文的数据里，我发现了一些证据，可以支持我在本书序言中概述的过度活跃的群体思维。尽管如此，我们不应当过分强调单一的研究。在格洛丽亚·马克开始研究通信技术为知识型工作带来的转变时，其他的研究者也提出了类似的问题。

2011年，一篇复制了马克和冈萨雷斯开创性研究方式的论文在《组织研究》(Organization Studies)期刊上发表，研究者们追踪了澳大利亚一家电信公司的14名雇员。研究人员发现，雇员们平均将每个工作日切割成了88个不同的"分集"，其中的60个都用于沟通。[3] 他们总结："这些数据……似乎都支持这一观点——知识型工作者的工作日非常碎片化。"2016年，在格洛丽亚·马克参与的另一篇论文中，她的团队使用追踪软件监控一家大公司研究部员工的工作习惯，研究人员发现，员工们每天查看电子邮件的次数平均超过77次。[4]

那些测量每日收发邮件平均值的论文也体现了沟通增加的趋势：2005年，员工每天收发邮件的数量是50封[5]，到了2006年，这一数字提高到了69封[6]，2011年则直线上升到92封。[7] 一家名为Radicati的科技研究公司在最近发布的报告中预测，到2019年，每一位商业用户平均每天会收发126封电子邮件。[8]

综合来看，这项研究详尽记录了在过去的15年里，过度活跃的群体思维工作方式在知识型领域的兴起和真实情况。但是，这些文献和我们目前的困境相比不过是沧海一粟，这些实验不过是在短短数天里观察最多几十名员工而已。为了更全面地理解在标准的网络办公环境下到底发生了什么，我们向一家名为RescueTime的小型生产力软件公司求助。这家公司最近几年在两位数据科学家的帮助下，一直默默产出引人注目的数据集，让我们以前所未有的方式细致了解了当代知识型工作者的沟通习惯。

RescueTime 公司的核心产品是时间统计工具，它可以在设备后台运行，记录你花费在各项应用和网站上的时间。这家公司最初的创业故事可以追溯到 2006 年，当时一群网络应用开发人员受够了整天埋头苦干，但又感觉没有什么实际产出能证明自己的辛苦。他们好奇自己的时间都去哪儿了，于是随手写了一些代码来监控自己的行为。公司现任首席执行官罗比·麦克唐纳（Robby Macdonell）解释，他们的实验在社交圈里颇受欢迎："我们得知越来越多的人希望能了解自己使用应用程序的真实情况。"2008 年的冬天，这个想法被美国著名的创业孵化器 Y Combinator 接受，于是公司就此诞生。

RescueTime 最主要的目的是给个人用户提供自身行为的详细反馈，方便用户找到提升生产力的方法。由于这个工具是一个网页应用程序，所有的数据都存储在中央服务器中，所以可以整合并分析成千上万名用户的时间使用习惯。经历了一开始的几次失败后，RescueTime 公司开始严肃对待数据的正确性。2016 年，RescueTime 公司聘用了两位全职的数据科学家，他们把数据转换成正确的格式来研究趋势，同时可以恰当地保护用户隐私，这样就能理解这些满脑子都是生产力的现代知识型工作者实际上是如何分配时间的。研究结果很是惊人。

2018 年夏天，RescueTime 公司分析了超过 50000 名活跃用户的匿名行为数据，发布了一份报告。[9]报告显示，半数的使用者每 6 分钟，甚至更短的时间就要查看一次沟通软件，比如电子邮件和 Slack。实际上，最常见的是每分钟查看一次，剩余超过 1/3 的用户每 3 分钟，甚至更短的时间就要查看一次。请注意，这些平均值很有可能夸大其词了，因为其中包括了像午休和一对一会议这样的时间段，在这些时间段里，用户可能并不在电脑屏幕前。（相比之下，格洛丽亚·马克的研究在计算受试者注意力转移的平均次数时，没有把受试者花在正式会议上的时间算进去。）

为了帮助大家理解不被打扰的时间是多么稀有，RescueTime 公司的数据科学家还计算了每个用户查看收件箱或即时通信工具的最长间隔。在这项研究中，半数用户最长的"免打扰时间"不超过 40 分钟，而最常见的间隔时间只有可怜的 20 分钟。超过 2/3 的用户在研究期间从未体验过 1 小时或 1 小时以上的免打扰时间。

麦迪逊·卢卡奇克（Madison Lukaczyk）是参与撰写这份报告的数据科学家之一。为了让这些观察更加具体化，她绘制了一幅图表，展示了自己在一整周内使用通信工具的数据。在 7 天的周期内，卢卡奇克只有 8 个工作时间段没有查看通信工具，而这 8 个时间段都只有 30 分钟或更长一点——不分心的时间段本来就不长。而如果将 8 个时间段平均到每一天，那么每天的不分心时段只有一点儿。（这还是一位以研究科技分散注意力为生的人！）

在最近的一份报告中，RescueTime 公司的数据科学家们试图把通信工具与生产力联系起来，他们缩小范围，只关注那些使用者认定是"高产"的活动所花费的时间。[10] 他们将每位用户"高产"的时间分割为一个个 5 分钟的时间块，再把不去查看收件箱或即时通信应用的时间块分离出来。这些孤立的时间块差不多就是专注的工作时间。参与研究的用户平均每人只有 15 个这样的时间块，他们一天里专心致志的高产时间加起来也不超过 1 小时 15 分钟。需要澄清的是，这 1 小时 15 分钟可不是连续的，而是一整天里专注、高效的工作时间的总和。

RescueTime 数据集的意义让人震惊：现代社会的知识型工作者在两次收发电子信息之间的间隔几乎不会超过几分钟。"太过频繁地查看收件箱"其实已经算轻描淡写了，事实是我们一直都在使用这些工具。

■　■　■

在刚刚讨论的数据集里，只有一点没有提及：我们整天发送的这些邮件到底是什么内容。为了填补这部分空缺，我请参与了读者调查的 1500 人选择最近一个典型的工作日，对当天收到的邮件进行分类。我提供了 7 个类别可供选择：计划类（预约会议、安排打电话等）、通知类（不需要回复的）、行政类、工作讨论类、客户沟通类、私人事务类和混杂类。

到底哪一类邮件占据了读者们的日常工作呢？我非常好奇。读者们的答案是：所有类型。这着实让我大跌眼镜。计划类、行政类、工作讨论类、客户沟通类和混杂类的邮件，读者们平均每天要收到8~10封，私人事务类的邮件则略少一些。最突出的是通知类邮件，读者们平均每天要收到18封。

把这些不同角度的观察放在一起，我们就能清晰地看到现代办公室里令人担忧的沟通现状。沟通工具只是偶尔打断工作——这种说法早已不准确；现实是，知识型工作者已经从根本上把自己的注意力分割成两条平行轨道：一条执行工作任务，另一条处理与工作任务相关的、持续不断的电子对话。在2011年那篇研究澳大利亚电信公司的论文里，作者们强调："我们的研究结论是——工作环境充斥着沟通媒介，而这些媒介无时无刻不需要员工的注意力。在这种环境下，（工作和沟通干扰之间的）界限根本不存在。"在读者们的详细反馈中，还有一点值得注意：我们沟通内容的类别也很繁多。现代知识型工作机构确实像群体思维一样运转——许许多多不同大脑的集体智慧通过电子方式被拴在潮起潮落般的信息动态和众多同时进行的对话之中。

需要强调的是，虽然知识型工作中这种平行轨道方式可能骇人听闻，但是它显然不是一件坏事。比如有人可能会认为，这种持续交流的效率颇高，因为它可以砍掉安排正式会议的成本，而且还可以让工作者在正好需要的时候收到正好需要的信息。在数字沟通革命发端的1994年，已故的社会学家迪尔德里·博登

（Deirdre Boden）把这些狂热的信息发送习惯与最近制造业和大卖场零售业认为有利可图的"准时制"过程进行类比，得出了令人信服的相似观点。[11] 也许还有人会说，我们会适应在一天里交流大量不同种类的信息，因为更大规模的工作量，唯有靠高效率的通信工具才能实现。

不过，正如我将在下文讨论的那样，这种乐观主义其实漏洞百出。当面对一个具体现实时，过度活跃的群体思维流程的抽象价值立刻就土崩瓦解了，这个现实就是：在不得不快速切换于多个注意力目标之间时，我们古老的大脑究竟是如何工作的（大脑的进化可不是发生在网络和低阻力信息沟通背景下的）。

世界要同时进行任务，大脑要按顺序来

我们都理所当然地认为自己有集中注意力的能力。神经科学的基础研究表明，人类能区别于灵长类祖先，部分原因是人的前额叶皮层能够像交通警察一样指挥注意力——放大大脑网络中与眼前对象有关的信号，抑制其他地方传来的各种信号。[12] 其他动物只能对即时的刺激做出反应，比如当鹿听到树枝断裂的声音时，会警觉地抬起头，但是只有人类可以专注于此刻并未在身边发生的事情，比如计划狩猎一头猛犸象或拟定一份战略备忘录。

从疯狂的知识型工作者的角度来看，前额叶皮层每次只能服务于一个注意力目标，这是一个严重的缺陷。亚当·加扎利

（Adam Gazzaley）和拉里·罗森（Larry Rosen）在2016年出版的《分心》(*The Distracted Mind*)一书中直言不讳地指出："我们的大脑不会同时处理多重信息。"[13]因此当你试图维持多个线上对话，同时还要完成另一项重要任务，比如写报告或者写电脑程序，这时前额叶皮层必须在不同目标之间持续地来回切换，而每一个目标都需要放大自己的信号，同时抑制其他的大脑网络信号。这种网络信号切换并不是立刻就能完成的，这一点毫不让人意外——它既需要时间，也需要认知资源。当大脑试图快速切换时，事情就会变得一团糟。

切换注意力目标会减慢大脑的处理过程，这一事实至少在20世纪早期就已经被科学家发现，比我们理解前额叶皮层才是真正的"操控者"要早得多。早期记录这一现象的论文发表于1927年，作者是亚瑟·杰西尔德（Arthur Jersild）。研究的基本实验结构是：给受试者提供两个不同的任务，测量受试者完成每一个单一任务的时间，随后再测试他们在两个任务之间来回切换时，完成速度会减慢多少。[14]

举个例子，杰西尔德的实验之一是给受试者一列两位数。受试者的任务之一是计算每个数字加上6，另一任务是计算每个数字减去3。如果让受试者只完成一项任务，比如给列表里的每个数字加上6，他们完成的速度比在加减法之间来回切换要快得多。[15]当杰西尔德进一步提高复杂程度，让原本的加上6和减去3变成加上17和减去13，受试者完成单一任务和来回切换任务之间的时间差更大了，这说明更复杂的任务需要更复杂的切换。

在杰西尔德这项经典研究之后的数十年里，还有许多修改了实验细节的研究，但是基本上都得到了相同的结果：大脑网络的切换减缓了大脑的运行速度。不过，这些论文的目的是更好地理解大脑是如何运转的。直到 2009 年，科学家们才开始严肃对待切换注意力对工作表现的实际影响。就在那时，刚刚成为助理教授的苏菲·勒鲁瓦（Sophie Leroy）发表了一篇组织行为学的论文，把这些线索联系在了一起。论文标题就是一个开门见山的问题，并且抓住了过度活跃的群体思维在合作中引发问题的关键：为什么我的工作这么难做？[16]

■ ■ ■

跟格洛丽亚·马克一样，苏菲·勒鲁瓦对知识型工作的兴趣来源于个人经历。2001 年，勒鲁瓦来到纽约大学读博士。此时的她刚刚离职，结束了自己多年的品牌顾问生涯，其间她亲眼见证了知识型工作领域愈演愈烈的碎片化趋势。"我们有那么多工作。"她告诉我，"人们一刻不停地切换于（注意力）目标之间。"当时，组织行为学的研究领域还不包括这些干扰在心理学层面的影响。勒鲁瓦决定改变这一现状。

勒鲁瓦的实验设计如下：受试者要在 5 分钟内完成一个字谜游戏。有些受试者收到的是简单的字谜游戏，可以在 5 分钟之内轻松完成；而其他受试者收到的是根本不可能完成的字谜游戏，他们在 5 分钟内肯定回答不出来。不仅如此，还有一些受试者会承受时间压力，包括看到一个倒计时时钟以及每 60 秒对剩余时间进行提醒；而其他受试者则不会收到这些信息，他们被告知，在规定时间内完成字谜游戏肯定是没问题的。

研究设计了 4 种组合方式来进行测试：能完成 / 不能完成，有压力 / 没有压力。在 5 分钟的字谜游戏结束后，勒鲁瓦会让受试者完成另一个任务，这让他们始料未及。这是一个标准的心理学练习，叫作词汇判断任务，目的是精准量化刚才的字谜游戏在受试者脑海中还能保留多少——勒鲁瓦称之为注意力残留。勒鲁瓦发现，在时间压力较小的测试条件下，不管受试者能否完成字谜游戏，注意力残留的数量都不受影响：受试者记住的有关字谜的概念比无关的概念更多。

而在时间压力较大的条件下，如果受试者没有完成任务，则注意力残留的数量和无时间压力的情况下差不多。唯一的不同是在时间压力较大的条件下完成了字谜游戏——这种组合下，受试者的注意力残留减少了。因此，勒鲁瓦提出假设：当你在明确限定的时间段内完成一项任务后，你从心理上更容易继续前进去完成其他任务。（很不幸，当我们不停切换于收件箱或即时通信软件之间时，我们的任务很少有清晰明确的时间限制，也很难在再次切换前体会到完成任务时如释重负的感觉。）

接下来，勒鲁瓦复制了这些实验条件，不过这次她不再测试注意力残留，而是在第一个任务完成后直奔第二个任务，这样做的目的是模仿平时正常工作中的要求。第二项任务是为某个虚构的职位筛选简历，在评估简历 5 分钟后，能记住简历细节的多少决定了受试者的评分。在第二个任务中，注意力残留与受试者表现的关系变得清晰起来。在上一个实验中注意力残留较高的三种组合在第二个任务里也得到了大致相同的结果，这些组合下受试者的表现明显要比低注意力残留条件下要差，也就是第一个任务在受试者脑海里残留的内容越多，他们在接下来的任务里表现得就越差。

"每次当你把注意力从一个任务转移到另一个任务上时，基本上是在要求大脑转换所有的认知资源。"勒鲁瓦解释道，"很不幸，我们的大脑并不擅长这样。"她总结了知识型工作者"注意力分割"的状态——在切换任务之前，大脑极少能关闭上一个任务，这样做的结果就是激活和抑制的状态相互竞争，最终降低了我们的工作表现。换句话说，勒鲁瓦给论文标题中的问题——为什么我们的工作这么难做——指出了一个清晰的答案：我们的大脑从来都不是为让注意力运行双重任务而设计的。

处理邮件不是工作

我有一位朋友，他既是一名管理咨询师，也是商业建议类书籍的狂热爱好者（他在公司里组织了自我提升的读书小组）。我们碰面时，自然是三句话不离本行，经常讨论工作习惯与生产力。在本书写作的早期，我们曾一起去石溪公园的一条步道上散步，那里离他在华盛顿特区的家很近。我简单阐述了自己对电子邮件的担忧以及我们应该如何改进的看法。他觉得难以置信，很快罗列了许多理由来支持自己的观点——使用电子邮件利大于弊。他管理着一个咨询师团队，这是他以管理者的角色提出的观点。他的话听上去令人信服，所以散步后我急忙在本子上记下了他的观点。

他关注的是沟通效率。他认为电子邮件能够让他"快速协调不同群体，把进度往前推进"。当团队里的某个人陷入困境时，他发一条短短的信息就能力挽狂澜，所以如果他长时间不看收件箱，团队的效率会受到显著影响。他认为自己就像交响乐团的指挥，一直协调着每个人的行动——他相信自己在这群狂热的人之中是最有价值的。

很多人跟我这位朋友产生了共鸣。他们认为，大幅减少干扰对有些工作可能有所裨益，但对他们的工作并不适用。对于本章前文中的那些研究，他们可能会接受不停切换注意力会降低认知能力这一现实，但他们认为这算不上什么问题，因为对他们来说，比起最大限度地保持敏锐，响应团队或客户的需求更为重要。就像我的朋友那天在石溪公园说的："并不是每个人时时刻刻都在深度工作。"

最后这句话意味着，或许有一小部分职业格外看重不被打扰的努力思考的时间（作家、程序员和科学家），但是对于大部分职业来说，"日理万机"本就是工作的重要组成部分。2009年，保罗·格雷厄姆（Paul Graham）发表了一篇题为《生产者的日程安排，管理者的日程安排》的论文，这篇论文经常被引用，我们可以从中找到一个经典的例子。[17] 在这篇论文中，格雷厄姆注意到，对于一位经理来说，参加各种会议就是他们一天中的主要任务；而对生产者来说，哪怕只有一个会议也是"一场灾难"，因为它破坏了生产者持续攻克难题的能力。无论是否读过格雷厄姆的这篇论文，许多像我朋友这样的知识型工作者已经内化了这篇论文的根本论点——不分心的工作只跟一小部分工种相关。

我认为这种划分方式过于粗放了。对于知识型工作领域的大部分岗位来说，能够把节奏放慢、按顺序处理事情并且给予每个任务不被打扰的注意力都是至关重要的，即使这个岗位并不总是需要数小时的深度思考。这种划分方式的负面影响在于，对于大多数的岗位来说，过度活跃的群体思维妨碍了清晰认知，降低了工作效率。不停地转移注意力不仅对生产者来说是一件坏事，对管理者来说同样如此。

身处管理岗位的人强调持续沟通对工作的重要性，这无可厚非。但如果你的团队正在以过度活跃的群体思维来工作，那么密切关注沟通渠道就十分重要。在群体思维的工作流程里，管理者们常常处在联系网络的核心位置——如果他们后退一步，这个笨重的机器就会陷入停滞。但这种过度活跃的通信是否真的是管理团队、部门乃至整个机构的最佳运行方式？每次有人坚定地回答"是"时,我都会不由自主地想起一位传奇人物,他的领导方式就是在颠覆这种想法。

第二次世界大战期间,乔治·马歇尔(George Marshall)是美国陆军的参谋长,几乎对全部的战事负责。乔治·马歇尔也许并不像德怀特·艾森豪威尔(Dwight Eisenhower)一样家喻户晓(艾森豪威尔是马歇尔一手提拔的),但是参与战争的人都认为马歇尔是协调盟军取得胜利的关键人物之一。"数百万美国人为自己的国家做出了伟大奉献。"哈里·杜鲁门(Harry Truman)说,"(但是)乔治·C.马歇尔将军奉献的是胜利。"[18] 马歇尔被《时代》(Time)杂志评为1943年的年度人物,很快他成为美国的第一位五星上将。[19]

之所以提到马歇尔将军,是因为我偶然发现的一件颇具启发的事。一位陆军中校在20世纪90年代初搜集了多种资料,讲述了马歇尔是如何组织陆军部并引领战争走向胜利的。[20] 当你阅读这些笔记时,你会发现,马歇尔要管理的人、拥有的预算、面临的复杂紧急的局面以及风险在管理史上无人能及,但马歇尔始终拒绝以过度活跃的群体思维来工作。

当马歇尔成为陆军参谋长时,摆在他眼前的组织架构是这样的:他掌管着30个大型司令部和350个小型司令部,超过60名官员可以直接与他联系。马歇尔将这种机构设置称为"官僚主义""充斥着繁文缛节"。这种架构会产生大大小小的各种事务,如果要处理这些蜂拥而至的事情,同时还想赢得战争,那是不可能的——他会被备忘录和紧急电话淹没。于是马歇尔开始行动，他利用罗斯福总统授予的战时权力，以"无情的"效率从根本上改组了陆军部。

众多司令部被合并成3个主要部门，每个部门由一位将军负责。原本臃肿的机构有300多名人员，包括行动和后勤人员等，马歇尔直接把人数缩减到只有12人，裁撤了一些主要部门。正如报告总结的：

> （改组）提供了更精简高效的队伍，并且把文书工作减到了最低限度。不仅如此，也明确了权力的界限。最后，这次改组把马歇尔从训练和供给问题的细节中解放出来。马歇尔把责任下放给其他人，自己则专注于战略和重要的海外行动。

那些能够与马歇尔保持接触的人必须在互动时遵循清晰的架构，汇报变成了一种效率练习。你接到指令，可以进入他的办公室，坐下时也无须敬礼（以节省时间）。马歇尔发出信号，你就可以开始汇报了，而他会全神贯注地聆听。如果马歇尔发现了其中的问题或者汇报缺失了某些细节，他会勃然大怒，因为你在浪费他的时间，没有事先发现并解决问题。当你汇报完之后，他会询问你的建议。简短考虑之后，他就会做出决定，随后再把行动任务分派给你。

也许，马歇尔最惊世骇俗的习惯就是他坚持每天下午五点半离开办公室。在那个没有手机和电子邮件的年代，马歇尔到家之后也不会加班到深夜。在职业生涯早期，他曾经体会过精疲力竭的痛苦，所以他觉得在夜晚放松是很重要的。"一个在细枝末节的问题上把自己累得心力交瘁的人，不会有能力去处理战争中更重要的问题。"马歇尔曾经这样说。

作为管理者，马歇尔把自己的精力放在那些影响战争结果的重大决策上。这项任务非他莫属。在做出决定后，他信任自己的队伍去执行这些决定，不再参与执行的细节。就像艾森豪威尔回忆，马歇尔曾说过："（陆军部）里有的是善于分析问题的能人，但是他们总觉得必须要把问题汇总给我来做最终决定。我的助手必须能自己解决问题，随后再跟我汇报他们都做了什么。"

对于管理者来说，反应敏捷比深思熟虑更重要——很明显，马歇尔会反对这种说法。关于马歇尔领导风格的报告多次强调，这位将军一心保持专注，尤其是要做出关键决策时，他展现出了"惊人的思考速度和无可匹敌的分析能力"。这份报告还强调了马歇尔在反思和筹划大局上投入的精力——试图在全球战争的复杂图景中永远保持领先一步。

马歇尔之所以能在这一岗位上事半功倍，是因为他拥有专注于重要事务的能力——在每一件事上倾注全部的注意力，完成一件事之后再去干下一件事。如果马歇尔接受了当时陆军部的工作状况——被60名官员拉着参与他们的决策过程，数百个司令部的日常活动等着他批准——他势必会陷入大多数管理者熟悉的、疯狂的忙碌旋风中，这非常有可能影响他的表现。事实上，如果这种过度活跃的群体思维式工作流程一直存在于20世纪40年代的陆军部里，那么我们可能会输掉这场战争。

不论你是否有权力用马歇尔的方式去改变团队的工作流程，让我们把这件事先放在一边，这是本书第二部分要解决的问题之一。（提示：在减少插手细节方面，你的自由度可能比你想象的更高。）我想从马歇尔的故事中汲取一个重要教训：管理并不仅靠快速反应的能力。事实上，正如本章前文所描述的，快速反应很有可能会降低你做出明智决策以及准备迎接未来挑战的能力，而这正是马歇尔取得成功的核心。而在许多情境下，快速反应都可能让你在大型目标管理上表现得很糟糕。

我们可以在一篇学术论文中为这一点找到当代社会的依据。这篇题为《困于收件箱》的论文发表于2019年的《应用心理学》（*Journal of Applied Psychology*）杂志上。通过多次日常问卷调研，这篇文章研究了电子邮件对48名各行业管理人员的工作效率的影响。[21] 论文对研究发现做了如下总结："当管理者们解决了电子邮件的打扰，重新回到原本的工作时，他们已经无法完成既定目标了。他们忽视了领导者的责任，而且他们的下属也没有发展出必要的领导行为。"随着邮件信息不断增加，管理者们更有可能求助于"短期战术"来获得短期生产力，即处理小型任务，回应各种询问，同时避免面对更宏观的全局。然而后者才是乔治·马歇尔式的"领导方式",而正是这些行为可以帮助组织朝着目标迈进。正如这篇论文所总结的那样:"我们的研究发现,电子邮件的隐患可能被低估了——除了对领导者自身的影响,领导工作效率的降低还可能影响不知情的追随者,对他们产生不利影响。"

在了解这些后,让我们再次回到友人在路边跟我说的那句话:"并不是每个人时时刻刻都在深度工作。"这句话同样适用于马歇尔:除了长途飞行和火车旅行,他极少会连续坐上几个小时,反复思忖某件事。不过,他也注意避免让自己陷入快速响应的陷阱。他不会像救火队员一样到处灭火,相反,他会系统性地处理真正重要的事情,给予每个问题必要的注意力,然后再处理下一个。正如我现在要提出的,管理者并不是唯一需要清晰思维的知识型工作者。

■　■　■

让我们把注意力从管理者转向保障者,后者是我对在知识型工作组织中提供行政或后勤支持的众多不同角色的称谓。很明显,快速反应是保障者工作中的核心部分,重要程度更甚管理者——但真的是这样的吗?

来举一个我的职业领域里的例子——学术机构内为教授提供支持的行政人员。行政人员很有可能以过度活跃的群体思维在工作，整天各种紧急邮件涌入邮箱，没有计划，杂乱无章。而如果你对教授们做个调查，他们很可能认为这种过度活跃的工作流程大有裨益，因为行政人员快速反应的能力太必要了！

但如果我们更深入地研究就会发现，讨论任务本身和真正去完成任务是有区别的。事实上，这两种行为常常是相悖的。有一类保障者早已发现了这一冲突，他们就是 IT 技术支持人员。20 世纪 80～90 年代，随着台式电脑在办公场所普及，一种新型的岗位需求应运而生：信息技术专家——他们会修理坏掉的电脑。随着计算机系统日趋复杂，员工们对于 IT 部门的需求也愈发显著，人们需要打电话或发邮件报告新出现的紧急问题，询问之前问题的进度。第 22 条军规式的问题出现了：如果 IT 支持人员迟迟没有回复这些电话和邮件，那么需要支持的员工就会火冒三丈；但是，如果 IT 支持人员把全部时间都用来快速回应，那么他们就没有充足的不被打扰的时间去解决真正的问题。

为了解决这一问题，这些部门发明了一个专门的软件——工单系统。这一系统的设计灵感大概源于老式的实体服务台，当你把坏掉的机器拿到服务台修理时，会得到一张凭证。而这一软件系统会将大部分有关提交、监控和解决 IT 问题的沟通任务自动化。[22]

这些现代版的"服务台"基本上是这样运行的：如果你发现一个问题，可以发送一封邮件到 helpdesk@ 公司名称 .com。工单软件会始终监控这个邮件地址，当看到你的询问时，软件会提取你的问题和联系方式，再赋予一个特定的编码，把这些信息提交之后，一个工单就在系统里生成了。与此同时，系统会答复你的邮件，让你知道自己的需求已被受理，并且告诉你如何查看问题解决的进度。

在工单系统里，收到的问题会被分类，也会注明优先级——可能是系统自动识别或者由专人负责鉴别。如果你是使用这个工单系统的 IT 人员，当你登录系统后，映入眼帘的只有那些你擅长解决的问题，你还可以选择最紧急的工单开始处理。接着，你可以专注于自己选择的问题，直到解决完毕，或是到了某个点就自然停下来，寻求更多帮助。只有完成一个工单，你才能回到工单队列，选择下一个工单进行处理。只要有进展，最新情况就会自动发送给提交问题的人，其他的成员也可以同步看到你的进展或在你遇到困难时伸出援手。

工单系统已经成了一项大生意，它拥有一项长期优势——降低 IT 人员成本，因为专注的技术人员解决问题的速度更快。工单系统也提升了满意度，因为它提供了解决技术问题的清晰流程和结构。这种高效率建立在这一前提之上：沟通讨论任务往往会妨碍任务的执行。你越是能把这种沟通从人们的认知空间中抽离出来，他们完成工作的效率就越高。

让我们再回到刚才学术行政人员的例子。IT 领域已经充分理解了沟通与执行之间是有得有失的交换，但在其他的保障岗位上，这一点还是被严重忽视了。所以，行政管理人员时常会像早期的 IT 专员一样，发现自己被潮水般的信息淹没。他会不停地与教授们进行邮件讨论，担心自己只要离开任何一个对话，教授们就会失望。这种基于过度活跃的群体思维而进行的沟通降低了行政管理人员清晰思考问题的能力，而这些微妙而复杂的问题往往是他真正需要解决的。

让我们把这个问题具体化：我给自己部门的行政人员发送了一个通知，内容关于我用研究经费聘请的博士后。这位博士后原本计划在夏末开始工作，但由于签证问题，他的入职时间推迟到了 1 月。写这个通知当然很容易，但这件事却会复杂地牵涉到人力资源、经费使用和办公空间分配等问题。应对这一变动需要缜密思考，综合对各方面的影响来制订计划，但是我不禁感到行政人员恐怕没有这种思考时间，他们在处理我的请求时肯定会被许多意想不到的邮件打扰。这些邮件很有可能同时出现，争夺行政人员的注意力。

我们总是认为保障人员会像机器人一样运转，每天一个接一个地处理收件箱和聊天软件上收到的各种任务。但是，这种观点傲慢地忽视了这类工作对认知能力的要求。解决博士后的入职日期问题并不比整理一份机智的策略笔记或是写一段流利的代码简单。由此可见，让保障者们身处过度活跃的群体思维流程中，他们的注意力会被侵蚀，虽然表面上是方便了，但实际上却降低了他们做好工作的能力。就像我们在 IT 工单系统中看到的，如果能在沟通和执行中留出空间，员工就会发现眼前的任务更容易迅速完成了。

这种讨论十分必要，因为这种保障角色和保罗·格雷厄姆所描述的生产者差不多，需要花整个下午的时间解决一个有挑战的问题。不过，保障者的职责更为繁多，而且更多地涉及行政管理，过度活跃的群体思维最终还是会引发问题。为了总结群体思维与效率的这部分研究，让我们急速转向光谱的另一端，了解当无休止的沟通入侵创造价值的头脑时，什么才是危如累卵的状况。

■　■　■

2016年，我出版了《深度工作》。之后我才知道，人们乐意得知极具创意的人回到与世隔绝的状态，创作出绝妙作品的故事。粉丝们最喜欢的是玛雅·安吉洛（Maya Angelou）的习惯，在1983年的一次专访中，安吉洛介绍了自己的写作方式：早晨五点半之前起床，然后马上进入酒店房间开始心无旁骛地写作。"（房间）狭小逼仄，只有一张床而已，有时还有一个洗脸盆。"她解释道，"我带进房间的只有一本词典、一部《圣经》、一叠卡片和一瓶雪莉酒。"[23] 躲进这种与世隔绝的环境里，安吉洛从清晨一直写作到下午两点左右。当写作特别顺利时，她会一直写下去，直到精力耗尽。写完之后，她会再读一遍自己写的东西，让头脑清醒一些，然后再洗个澡，在晚饭前和丈夫喝上一杯。

当人们听到这样的故事时，很快就能接受一个事实：集中精力和不被打扰为困难的创作提供了支持。但是，当我们把这种尝试放到办公室情境下时，即便是最专注于生产效率的黑客，也很可能会对躲在破旧酒店里喝雪莉酒这种行为皱起眉头，此时专注与价值之间的重要关联变得模糊了。

举个例子，不久前，一位为硅谷初创公司撰写技术白皮书的工程师给我讲了他的故事。整合白皮书的过程非常复杂，但是对公司的市场营销工作而言却非常重要。他跟我解释，自己在执行这项工作时非常痛苦，因为这个初创公司选择以过度活跃的群体思维来工作。"如果你没有快速回复消息，"他说，"人们就会认为你在偷懒，这太讽刺了。"

我写的关于这一问题的文章启发了这位工程师，他与公司的首席执行官开了一次会。他列举了注意力切换会降低认知表现的相关研究，提出了不断地受到打扰会影响工作的担忧。工程师承认，如果彻底退回玛雅·安吉洛那种与世隔绝的工作状态，也会产生问题，因为团队里的其他成员还要跟他保持定期互动。那么如何才能让自己为公司创造的价值最大化？他询问了首席执行官的建议。"我一提出这个问题，"工程师告诉我，"答案就很明显了。仅仅为了让某些事情更容易，就把全部的时间都用在快速反应上，这无疑是荒谬的。"

他们最终达成了一致：工程师每天将有 4 小时（工作时长的一半）不被打扰的专注时间，另外一半的时间参与群体思维式的工作。为了实现这一目标,他们在每天上午和下午各安排了两小时的免打扰时间,在这两个时间段里,工程师"遥不可及"。首席执行官向工程师团队解释了这个新的安排。"团队成员大概花了一周的时间来适应,后来就没问题了。"工程师告诉我。这样做的结果是工程师的生产力突飞猛进,而且几乎没有什么负面影响。这件事真正让人吃惊的是,在工程师提出这个问题之前,没有任何人停下来想过他们的工作方式是否真的有效率。

在本书序言部分介绍的尼什·阿查里亚的故事是另一个例子——大家都知道他的职位需要全神贯注,但是他们采用的工作流程却让专注的努力几乎成了泡影。直到阿查里亚的邮件服务器被暂时关闭,他才获得了真正需要的"空白"来思考团队的战略。记者们也面临着类似的错误。前不久,我与一位知名记者聊天,他最近刚刚创建了自己的媒体公司。他哀叹道,自己"被迫"不停地查看推特(Twitter),确保不会错过任何突发新闻——这种行为影响了他高效写作好故事的能力。我指出,他的办公室里都是对技术在行的年轻实习生,也都想进入他的行业。"选一位实习生去监控推特,如果有重要事情发生,他再给你打电话,这样不是更加合理吗?"我问道。结果他从来没有过这样的想法,只是认为一定程度的分心是经营生意的代价而已。

大部分人都赞同,以过度活跃的群体思维来工作会降低生产力,但与此同时又承认这种工作方式真的方便。所以,只要专注带来的益处是模糊不清的,保持现有方式就不会带来什么影响——失去了一点生产力，但是又得到了灵活性的补偿。但是，当我们把问题具体化，看看生产者究竟从过度活跃的沟通中获得了什么时，这种"有得有失的平衡"就会变得极不平衡。就像写白皮书的工程师或阿查里亚的例子所显示的，对生产者来说，脱离群体思维的工作方式并不是让他们扭转生产习惯，而是大幅提升工作效率。当这一做法的优点变得清晰可见时，人们便会发现快速反应带来的那点便利根本难以弥补因此造成的损失。

超越群体思维

在本章开头，我讲述了肖恩的故事——他的团队被过度活跃的群体思维折磨得精疲力竭。肖恩怀疑这种沟通在某种程度上拖累了生产力。现在我们知道了，肖恩是对的——这种工作流程与人脑运行的规律相悖，这让大部分的知识型工作任务更难以完成。不过，肖恩和其他持相同怀疑态度的人不太一样，他决定行动起来。

肖恩告诉我，两位项目总监的突然辞职让他手足无措。"这迫使我后退一步，问问我们到底在干什么。"他说，"这种无休止的沟通会不会弊大于利？"肖恩和他的联合创始人决定从根本上做出改变。他们永久关闭了即时通信软件，并且把电子邮件降级为对外沟通的工具。这种做法让我颇感兴趣，在一次电话采访中，我的要求让肖恩有点为难，因为我请他在通话中打开邮件收件箱,告诉我里面都有什么邮件。收件箱里有公司会计师发来的信息,网络托管公司发来的支持工单,承包公司发来的几张发票,还有一个在新项目上与公司合作的自由职业者发来的信息。邮箱里没有内部沟通,也没有任何一封需要紧急答复的邮件。肖恩曾经每天发邮件到凌晨 1 点。现在,就像他告诉我的:"通常一天我只查看一次邮件。"有些日子他根本抽不出时间看收件箱。

在肖恩的公司里,电子邮件和即时通信工具曾经发挥着重要的作用:不仅用于协调团队,与客户互动也得使用。如果肖恩放弃这些工具,也不用其他流程来替换这些工具的功能,他的公司早就分崩离析了。不过,肖恩使用了替代方法,而且看起来也运行得不错。

肖恩把工作日分成上午和下午两个时段。在每个时段开始前,他的团队都会面对面讨论接下来的工作,偶尔也有远程工作者使用视频会议软件参会。"每个人要讲 3 点:昨天做了什么,今天正在做什么,以及遇到了什么问题或障碍。"肖恩告诉我,"这个会议最多只需要 15 分钟。"随后,每个人都开始做一件在这个时代极为罕见的事:连续几小时专注工作,既不查看收件箱,也不盯着聊天软件,直到这一时段结束。

肖恩的公司现在会在客户合同中加入一个部分,详尽说明将会如何(以及暗示不会如何)与客户沟通。大部分客户会定期接到告知进度和回答问题的电话,随后会收到一份书面文件,记录着讨论过的每项内容。肖恩的联合创始人负责管理与客户的关系，他很担心客户因为削减沟通权限而大发雷霆。这种担心其实是没有理由的——客户们都很欣赏这种明确的安排。"他们绝对是更快乐了。"肖恩表示。[24]

我已经就此话题讨论多年，即便知道这种工作方式的弊端，许多人还是继续以过度活跃的群体思维来组织工作。他们的反对意见源于一种说法：过度活跃的群体思维流程从某种程度上说是最基本的。也就是说，他们承认这种无休止的沟通会降低大脑的运行速度，但是他们也想不到任何一种合理的替代方式来完成工作。而肖恩的做法证明，一旦你知道要避免哪些痛苦和放大哪些好处，新的工作方式就会出现。

本书第二部分会更深入地探讨设计替代方式的原则，但在我们超越群体思维之前，首先要接受另一个重要观点：过度活跃的群体思维不仅降低了工作效率，也是我们悲惨生活的罪魁祸首。这一事实对我们的个人幸福和组织稳定性有巨大影响。让我们现在就把注意力转移到这种观点上。

第二章

我们悲惨生活的罪魁祸首

无声的苦难正在蔓延

2017年初,一项新的劳动法规在法国施行,这一法规旨在保护所谓的"断网权"。根据该项法规,拥有50名及以上雇员的法国公司必须与员工协商下班后的邮件使用规则,减少员工在晚间或周末收发邮件的时间。法国劳工部长米里亚姆·艾尔·库姆里(Myriam El Khomri)认为这项新法规非常正确。在一定程度上,这是改善劳动者过劳状态的必要步骤。不管你是否认为公司行为应该由政府监管,但法国人觉得有必要借助法律。这指向了一个普遍的、早已超越国家边界的问题:电子邮件导致了我们的悲惨生活。[1]

通过查阅相关文献,我们可以把这一观点阐释得更加具体。我们在上一章提到的格洛丽亚·马克在2016年与其他研究者合著了另一篇论文。在12个工作日里,研究团队利用无线心率监测仪观察了 40 名知识型工作者，记录下了受试者的心率变异性，而这是衡量精神压力的常见方法。研究团队还记录了知识型工作者们的电脑使用情况，请他们把查看电子邮件与压力水平联系起来。想必研究者的发现不会让法国人感到意外："在（给定的）一小时内，工作者查看邮件的时间越长，这一小时的压力就越大。"[2]

在 2019 年的一项后续研究中，格洛丽亚·马克带领研究团队，将热成像照相机放在每位受试者的电脑显示器下面，测量面部的温度——衡量内心焦虑程度的重要指标。温度泄露了受试者们真实的内心状态。研究者们还发现，批量处理收件箱内的邮件（一个常见的"提升邮箱用户体验的办法"）并不是万能药。事实上，一个有神经质这种常见性格特征的人在批量处理邮件时，精神压力会更大（可能担心自己会错过任何紧急信息）。研究者们还有另一个发现：当工作者感到压力时，他们回复邮件的速度会变得更快，但是效果并没有变得更好——一个名为"语言探究与词汇统计"的文本分析程序显示，这些充斥着焦虑情绪的邮件更有可能包含表达愤怒的词语。[3] 2016 年的那篇论文总结："毫无疑问，使用电子邮件节约了人们用于沟通的时间和精力，但是这也是有代价的。"而对此的建议是："相关组织齐心协力，共同减少邮件往来。"[4]

也有其他研究者发现了电子邮件与不幸福之间的联系。2019 年，另一篇研究论文发表在了期刊《国际职业与环境健康档案》（*International Archives of Occupational and Environmental*

Health）上，研究分析了近 5000 名瑞典劳动者的自述健康情况从而观察长期趋势。研究人员发现，反复暴露于"对信息和沟通的高需求状态"（翻译一下就是：需要一直保持联系）之下与亚健康状态紧密相关。即使研究人员调整了可能混淆的变量，包括年龄、性别、社会经济地位、健康行为、身体质量指数（BMI）、工作压力和社会支持，但这一趋势依旧存在。[5]

衡量电子邮件带来的痛苦的另一个方式是，看看减少邮件出现会有何种效果。哈佛商学院教授莱斯利·珀洛（Leslie Perlow）曾针对波士顿咨询公司的咨询顾问们进行了一项实验。珀洛引入了一种名为"可预见的休息时间"的方法——每个星期，团队成员们都有一段固定的时间可以完全摆脱电子邮件和电话（他们的同事会全力支持），结果咨询顾问们明显更快乐了。在引入可预见的休息时间之前，只有 27% 的咨询顾问表示自己会在早晨开始工作时感到动力十足。在减少沟通后，这一数字跃升到了 50% 以上。同样，对自己的工作表示满意的咨询顾问的比例也从不到 50% 提高到了 70% 以上。与预期相反，小幅度降低接收信息的频率并不会让咨询顾问们感觉生产力降低，相反，感觉工作"有效果且高效率"的人数比例上升了 20 多个百分点。[6] 珀洛在 2012 年出版了关于这项研究的著作《与智能手机共眠》（*Sleeping with Your Smartphone*）。而当她第一次看到这些结果时，感到很困惑——为什么我们会接受这种无休止联系的文化呢？[7]

当然，我们并不需要数据证明很多人凭直觉就能感受到的事。上一章提到，我对1500多名读者做了调查，试图了解他们与电子邮件等通信工具之间的关系。当我请他们描述自己对这种技术的感觉时，读者们使用的词汇充斥着强烈的感情色彩，让我瞠目结舌：

- "这东西又慢，又让我泄气……我经常觉得电子邮件不够人性化，还浪费时间。"
- "我从来不能'下线'，我恨这一点。"
- "它催生焦虑。"
- "我疲惫又烦躁——但是没办法，还是得继续。"
- "因为邮件，我在工作日里变得更加孤立了……我不喜欢这样。"
- "当一切都很忙的时候，你会变得烦躁不已。"
- "我感觉到一种几乎无法控制的需求，不得不停下手头的事去查看电子邮件……这让我感到非常低落、焦虑和沮丧。"

我怀疑，如果我们讨论的是工作场所的其他技术，比如文字处理器或是咖啡机，读者们的语言会更中立一些。数字信息带来了一种独特的错乱性。评论家约翰·弗里曼（John Freeman）精辟地总结了我们与电子邮件的关系：在有了电子邮件之后，

"我们因为要跟电脑保持进度一致,都变成了任务指向型,不仅暴躁易怒,还不善于倾听"。[8] 媒介理论家道格拉斯·洛西科夫(Douglas Rushkoff)也有类似发现,他哀叹道:"我们争先恐后地处理更多的邮件……就好像在电脑上做更多事情就是一件好事……我们以前在机器内部工作,现在我们必须成为机器本身。"[9] 我们依赖电子邮件,但是对它也有几分恨意。

这一现象非常重要。当员工们感觉到痛苦时,他们的表现会更糟糕。就像法国劳工部长警告的那样,员工们很有可能会精疲力竭,最终导致医疗保健支出增加,企业付出人员流失等高昂代价。莱斯利·珀洛发现,"拥有远离电子邮件的时间"让计划"长期"留在公司的员工比例从40%提升到了58%。换句话说,如果让员工痛苦不堪,这对公司也是不利的。

不过,电子邮件让我们变得不快乐,这一事实的哲学意义远超现实意义。麦肯锡咨询公司推测,全世界已经有超过2.3亿的知识型工作者[10]。而根据美联储的数据,美国的劳动力占据超过三分之一的份额[11]。如果如此庞大的群体被迫沉迷于收件箱和聊天软件而苦不堪言,那么总体来看几乎是全球性的悲惨!从功利主义的角度来看,这种痛苦不容忽视——尤其是当我们可以做点什么来改善状况的时候。

前一章我们探讨了过度活跃的群体思维对人类生产力的影响。在这一章,我们更关心过度活跃的群体思维对人类灵魂的冲击。我会在下文解释为什么这种工作方式让我们如此不快乐。我认为这并不是偶然出现的副作用，也不是只要巧妙利用邮件过滤器或通过更好的公司规范就能解决；相反，这种严重受到干扰的工作方式与人类大脑运行的自然规律相悖，这才是这种状况的根源。

电子邮件扰乱了我们古老的社会驱动力

姆本吉拉俾格米人（The Mbendjele BaYaka）居住在刚果共和国和中非共和国的森林里，他们至今延续着狩猎采集部落的生活方式。他们居住的营地叫作 langos，里面通常住着 10 到 60 人不等。每个核心家庭都有自己的小茅屋。姆本吉拉俾格米人没有掌握食物贮存技术，这让分享食物成了关乎部落存亡的头等大事。所以，跟许多狩猎采集型部落一样，姆本吉拉俾格米人也是高度合作的。

从科学角度看，姆本吉拉俾格米人非常值得研究，因为他们能帮助我们理解狩猎采集型部落的社会驱动力。这种动力与当今社会仍然息息相关，在新石器革命前的整个历史长河中，我们都生活在这样的形态之下。因此我们希望通过研究这些部落（用适当、谨慎的方式[12]）来了解人类是如何将与他人互动的进化压力变成本能的。不仅如此，或许还能进一步理解电子邮件为什么让我们古老的大脑疲惫不堪。

■　■　■

2016年，伦敦大学学院的一组研究人员在《自然科学报告》（*Nature Scientific Reports*）上发表了一篇论文。他们研究了三个不同的姆本吉拉俾格米人部落。这3个部落位于刚果共和国利夸拉省和桑加省的恩多基森林。[13] 研究目标是衡量每个人的"关系财富"，这一术语可以理解为在部落里的受欢迎程度。研究人员使用了一种特定方法，名为蜂蜜棒礼物游戏。每位参与者会收到3支蜂蜜棒（一种在当地备受珍视的食品），随后研究人员会请他们把手里的蜂蜜棒赠予部落里的其他成员。通过观察每位参与者最后收到了多少蜂蜜棒，研究人员能大概估算出他们在部落里的地位。

研究人员发现，"关系财富"的分配存在着惊人差异，有些部落成员收到的蜂蜜棒比其他人多得多。更重要的是，这些差异与身体质量指数（BMI）和女性的生育能力等因素高度相关。在狩猎采集部落里，这些因素关乎你能否把自己的基因成功传递给下一代。此前，已经有许多研究探讨了促进社交关系形成与维持的心理、生理强化机制。而这项研究有助于解释这些机制最初是怎样形成的：在旧石器时代的社会环境下，受欢迎才能提升一个人延续血统的概率。

下一个问题自然就是如何才能在狩猎采集部落里变得受欢迎。2017年，关于姆本吉拉俾格米人的一项后续研究发表于同一期刊,为我们提供了一些深刻洞见。[14] 在这次的研究中,研究人员说服了132名成年姆本吉拉俾格米人,请他们在脖子上佩戴一个小型的无线传感器,为期一周。这些设备会记录受试者与其他人一对一的互动,每两分钟就会发射短程信号,记录下谁跟谁有过接触。

随后,研究者们使用这些庞大的互动记录数据来制作所谓的"社交图谱"。制作过程简单明了:先将一张大白纸钉在墙上,用一个圆圈来代表一位佩戴传感器的受试者,让这些圆圈均匀分布在白纸上;接着,每出现一次互动行为,在代表这两个人的圆圈之间就画一条连线。如果二者之间已经存在一条线了,那么可以再加粗一些。整理完所有互动后,会得到一团像意大利面一样粗细不等的线条,这些线条连接着不同的圆圈。有些圆圈像繁忙的交通枢纽一样,朝着所有的方向发出粗线,而其他的圆圈只得到零星的连线。有些圆圈之间没有几条连线,而其他的圆圈之间则是密密麻麻的连线。

对于普通人来说,这些社交图谱简直是一团乱麻。但是,对于网络科学(network science)的研究者来说,这些图谱只要被编码成数字位元,再输入电脑,用算法进行分析,就能深入了解这一群体的社会动力。正因如此,2017年这篇研究报告的作者们才会不辞辛劳地劝说姆本吉拉俾格米人佩戴无线传感器。

研究人员发现,通过分析这些记录所生成的社交图谱,他们可以准确地预知参与此次研究的姆本吉拉俾格米女性拥有的活着的子女数目。与网络的连接越稳固[15]，她们的繁衍就越成功。从此前的研究中我们已经了解，在狩猎采集部落里，受欢迎程度会影响基因适应度——越受欢迎的部落成员，获得的食物和支持就越多，这就让她们更加健康，从而更有可能生出健康的孩子。而这项新的研究也发现，一对一的对话记录可以体现出受欢迎程度：能够妥善经营这些直接互动的人实现了"人丁兴旺"，而失败者则难以传递自己的基因。

对姆本吉拉俾格米人来说，一对一的对话关乎存亡。所以，我们可以在进化论的基础上推断，人类在处理这类社交时产生的强烈的心理急迫性是先天的——如果你忽视与身边人的互动，他们就会把蜂蜜棒送给别人。这种想法并不稀奇，因为它描述的是我们早已清楚感觉到的事情。与他人互动是人类经验中最强大的动力之一。实际上，正如心理学家马修·利伯曼（Matthew Lieberman）在 2013 年的著作《社交天性》（*Social*）中所解释的那样，我们大脑中的社交网络与疼痛系统相连，所以当与我们关系亲密的人死亡时，我们会觉得痛彻心扉；而当我们太长时间没有人类互动时，会觉得凄凉孤寂。"这种社会适应是人类成为地球上最成功的物种的核心原因。"利伯曼这样写道。[16]

早在科学家探究人类社会性的基本结构之前，我们其实已经意识到并反思这种对妥善对待互动的迫切需要。《旧约圣经》中明文禁止传闲话："不可在民中往来搬弄是非，也不可与邻舍为敌，置之于死。我是耶和华。"[17]圣经认可了信息流动在团体的社交图谱中蕴含的强大力量。莎士比亚也认为，友谊是人类经验的核心，他写下了理查二世著名的悲叹："像你们一样，我也靠着面包生活，我也有欲望，我也会悲哀，我也需要朋友；既然如此，你们怎么能对我说，我是一个国王呢？"[18]

这又把我们带回了电子邮件的议题。与大多数先天驱动力一样，人类经过演化形成的对于一对一互动的执着也有负面影响——一旦受阻，就会感觉到压力。这就像我们被食物吸引时，缺乏食物的饥饿感也会折磨我们，社交本能同样也会伴随着忽视互动带来的焦躁不安。在职场中这一点很重要，因为以过度活跃的群体思维来工作的副作用就是你始终暴露在这种压力之下。你根本跟不上这种狂热的合作方式产出信息的速度——当你回复完1封邮件，却发现在回复期间你又收到了3封邮件——而且，当你晚上在家、享受周末或度假时，你没法不意识到在你缺席的这段时间里，收件箱的未读邮件正在不断累积。可想而知，读者关于这类压力的报告非常常见：

- 我一直觉得自己漏掉了什么。
- 我不能让邮件保持未读状态，我在心理上不能接受，无论是多没有意义的邮件。
- 我觉得事情堆积如山，这让我感到压力倍增。
- 收件箱让我心力交瘁，因为我知道通过邮件进行恰当的沟通需要费多少工夫。

你可能会提出反对意见，因为忽略一封邮件和忽略狩猎采集部落成员有根本区别。前者最糟糕的后果可能只是惹恼会计部门的鲍勃，而后者最糟糕的结果是你会活活饿死。事实上，你的公司甚至可能明文规定了可接受的延迟回复邮件的时长，也就是说，可能鲍勃根本不介意你晚点回复。然而问题并不在此，在于人类根深蒂固的驱动力根本不知道要听从理性。

你跳过一餐没吃，然后告诉自己饿得咕咕叫的胃：今天晚些时候就会有食物了，所以不必害怕挨饿——可是这样做并不能缓解强烈的饥饿感。同理，你告诉自己的大脑，忽略收件箱里的互动并不关乎存亡，但这并不能阻止你产生场景焦虑。人类根深蒂固的社交回路数千年来不断进化，通过战略联盟缓解了粮食短缺，而这些未答复的信息在心理上就等同于忽视了自己的部落成员——而对方很可能是下一次旱灾来袭时让你幸免于难的关键人物。从这个角度来看，塞满邮件的收件箱不仅会让你感到挫败和沮丧，还是生死攸关的大问题。

面对理智的现代大脑，古老的社会驱动力可谓战无不胜。事实上，我们可以在实验室里测试这一结论。2015年，一项复杂的研究结果发表在期刊《计算机中介传播》（*Journal of Computer-Mediated Communication*）上。研究者谨慎地评估了数字联系受阻时我们感到的心理压力。[19]受试者被带到一个房间里玩字谜游戏。他们被告知，研究者想测试一种无线血压监测器。受试者玩了几分钟字谜游戏后，研究人员返回房间，告知受试者，他们的智能手机对无线信号产生了"干扰"，所以必须把手机放在距离自己约 3.6 米远的桌子上——能听见动静，但是够不着。随后受试者接着玩字谜游戏，几分钟后，研究者偷偷拨通了受试者的电话。此时此刻，受试者正试图解开字谜，而自己的手机铃声响彻整个房间，但又被禁止接电话——此前研究者提出过警告，不能因为任何理由起身，这一点很重要。

在整个字谜游戏期间，无线监测器通过测量血压和心跳来追踪受试者的心理状态，这使得研究者能够观察到人机分离的效果。结果是可以预见的：在手机铃声响彻房间的时候，代表压力和焦虑的指标都上升了；受试者自述压力在此期间增加了，愉悦感下降了；受试者在字谜游戏上的表现也变差了。

从理智上讲，受试者当然知道错过一通电话也不是什么危机，因为人们总是会漏接电话，而且那时很明显有更重要的事情要忙。事实上，很多受试者的手机原本已经调成了勿扰模式，是研究人员趁着放手机到桌上的时候悄无声息地关掉了勿扰模式。也就是说，受试者本来准备好在实验期间漏接电话或是错过信息，但这种理性认知在大脑的进化压力面前溃不成军——忽略可能发生的互动真的太糟糕了！这种念头早已根深蒂固。受试者们都沉浸在焦虑中，但如果被问起，他们也会理智地承认，实验室里真的没有什么事情需要担心。

过度活跃的群体思维必然伴随着错过一些联系，此时旧石器时代的警钟就会响起——不管我们多努力地说服自己，这些未答复的信息根本就不重要。这种效应太过强烈，以至于阿里安娜·赫芬顿（Arianna Huffington）创办的 Thrive Global 公司在研究如何让员工在度假期间摆脱这种焦虑时（度假期间，信息堆积的痛苦会变得尤其尖锐），最终选择了名为"自动销毁"的极端解决方式——如果你给一位正在度假的同事发送邮件，就会收到一个通知：你发出去的邮件已经被自动删除了，你可以等这位同事回到工作岗位时再发一遍。

从理论上讲，设置一个简单的自动回复就足够了——因为自动回复会告诉发邮件的人，在你返回岗位之前不要期待答复——但是在这种情境下逻辑会退居次席。不管抱着何种期望，只要意识到还有大量信息在某个地方等你，就会引发焦虑，毁掉你假期里的放松状态。唯一的解决办法就是完全阻止信息进来。"自动销毁不仅在你和邮件之间筑起了一道墙，"赫芬顿解释道，"还会将你从'返岗后会面临堆积如山的邮件'这一焦虑中解脱出来，避免这种焦虑削减断网带来的好处。"[20]

"自动销毁"可以暂时缓解过度活跃的群体思维所带来的社交压力，但是它无法应付一年中假期以外的大约 50 个星期。只要我们还继续保持这种无休止随意沟通的工作流程，我们的旧石器时代大脑便会一直保持低度焦虑的状态。

电子邮件沟通极其低效

在肯尼亚的姆帕拉研究中心，野生橄榄狒狒（也叫东非狒狒）和其他大多数种类的狒狒一样，生活在高度社会化的族群中。即使它们每天都要长途跋涉去寻找食物，社会化特征也保持得相当稳定。对于研究橄榄狒狒的科学家来说，关键问题之一就是弄明白它们如何就前进的方向达成共识。想要回答这个问题是很复杂的，因为橄榄狒狒队伍庞大，数量可以达到上百只，想要推断它们如何做出移动的决策，就必须同时观察大部分的狒狒。这一领域的一位知名学者形容这项挑战"令人望而生畏"。[21]

不过，就在不久之前，普林斯顿大学的研究者阿丽亚娜·斯特兰德伯格-佩什金（Ariana Strandburg-Peshkin）带领一支由生物学家、人类学家和动物学家组成的国际团队决定攻坚克难。[22]他们的秘密武器是高分辨率的定制GPS项圈，这种项圈能够以每秒一次的频率记录狒狒的精确位置。研究团队给族群里85%的狒狒都戴上项圈，这样就能详细了解它们在一天中的精确活动轨迹。利用先进的数据挖掘算法和数据分析，研究人员可以提取出狒狒选择移动方向的决策过程——事实证明，这个过程从根本上讲是由空间性决定的。

在准备移动阶段，族群中的狒狒们会密切地注视着彼此的动作，尤其是那些开始向特定方向行进而离开群体的先行者。其他狒狒对这些先行者的回应很大程度上取决于它们的空间站位。如果两位先行者的站位夹角大于90°，意味着它们离群的方向截然相反，那么其余的狒狒就会选择忠于其中的一位，壮大这支队伍。另一种情况是，两位先行者前进的方向差不多，其余的狒狒就会倾向于折中路线，朝着二者之间的方向行进。如果在同一时间活跃着太多的先行者，其余的狒狒更有可能选择原地不动，放慢决策过程，直到选项出现。一旦某一位先行者吸引到了足够数量的追随者，整个族群都会追随。

为了将这些发现应用于电子邮件问题，我们不妨把注意力从野生的橄榄狒狒转向它们的灵长类近亲：人类。设想这样一个场景：一个知识型工作者团队正在评估商业计划。不仅场所从森林变成了办公室，决策过程也可能从依据现实世界的具体行为转变为纯粹依靠文字来判断。在过度活跃的群体思维时代，大多数决策都是基于电子信息的。

不过，在为现代化方式的优越性喝彩之前，我们应该先暂停一下——我们要记住，书写语言的历史最多只有五千年，[23]放在进化的时间尺度中来看是微不足道的。在数百万年的进化过程中，古老的协作过程深深镌刻在人类的神经回路中，人类灵长类近亲的行为也提示了这一点。我们需要的可能是与眼下截然不同的互动方式，不是只靠电脑屏幕上的书面文字。人类先天的交流方式与现代科技强迫我们使用的沟通方式之间的不匹配，让我们感到万念俱灰。

第二章　我们悲惨生活的罪魁祸首

■　■　■

差不多在研究人员给狒狒戴上GPS定位项圈的同一时间，麻省理工学院的阿莱克斯·彭特兰（Alex Pentland）教授也在安装项圈，不过他的项圈更为复杂精密，包含了一整套传感器，而且佩戴对象是一组企业高管人员，他们正围坐在麻省理工校园里的一张会议桌旁。这些传感器叫作"社会测量仪"，大小跟扑克牌差不多，也是戴在脖子上。这里面有一个追踪受试者运动的加速度计、一个记录发言的麦克风和一个识别周围人的无线蓝牙芯片，还有一个红外线传感器，可以甄别受试者在与另一位受试者互动时是否看着对方的脸。[24]

每位高管要向小组成员介绍一份商业计划。小组的目标是共同协作，选出一个最好的计划。研究这种合作任务的标准技巧就是把所有的对话都抄录下来，但彭特兰之所以大费周章地为受试者配备先进的传感器，是他确信语言渠道传递的信息只是互动中的一小部分重要信息。与口头语言同时存在的是一种无意识的社交路径，由身体语言和细微的声调暗号所组成，它能够描绘出会议室里做决策时的更丰富的图景。此前科学家曾在类人猿身上研究过这些"古老的灵长类信号机制"，但彭特兰的社会测量仪旨在证明这类机制在人类合作中依然发挥着重要作用。[25]

在这个社交路径中，有众多信号在发挥作用。正如彭特兰在著作《诚实的信号》(*Honest Signals: How They Shape Our*

World）中解释的，这类信息中的大部分都是在无意识的情况下被大脑处理的，并且通常利用神经系统中的低级回路，因此能逃脱我们的感知经验。但是，这类信息的影响不容小觑。"这些社交信号不只是有意识的语言的一个秘密通道或者一种补充，"彭特兰写道，"他们形成了一个独立的沟通网络，强烈地影响着我们的行为。"[26]

通过这种无意识网络传递的信号被称为影响（influence），这一命名恰如其分。它描述的是一个人能在多大程度上让另一个人配合自己的说话模式。这种信息经由集中在顶盖的、大脑皮质以下的结构进行处理，让我们能够快速、准确地了解会议室中权力的动态变化。另一个信号是活动（activity），它描述的是一个人在对话中的肢体动作。在自己的座位上挪动、身体前倾和感情外露的手势——这些行为主要由自主神经系统（一种极其古老的神经结构）调节，可以揭示一个人在互动中的真实意图，其精确程度令人惊诧。[27]

我们知道，这些信号十分重要，正如彭特兰在研究中证实的——利用社交测量仪来测量这些信号，无须参考任何实际说出的语句，他就可以精确预知面对面场景下的结果，比如约会、薪水谈判和工作面试。让我们再次回到麻省理工学院的会议室里。实际上，彭特兰也把这些商业计划的文字版发给了另一组高管，请每位小组成员自行决定哪一个商业计划是最好的。相比面对面聆听商业计划推介的小组，这组只看文字的高管们做出的选择明显不一样。"(在小组会议情境下的)高管们认为,自己在根据理性的标准来衡量这些计划,"彭特兰解释道,"(但是)他们大脑中的另一部分却在记录其他的重要信息。比如:这位演讲者自己对这个想法有多少信心?他们有多大的决心去付诸实践?"[28] 那些只阅读文字版计划的高管并没有意识到自己遗漏了什么。两组高管审阅了相同的计划,但他们处理了截然不同的信息。

让我们把视角转向20世纪90年代和21世纪初过度活跃的群体思维的工作方式。我们以为只是将发生在会议室和电话里的对话迁移到了一种新的沟通媒介上,互动的内容大部分保持不变。但就像阿莱克斯·彭特兰的研究揭示的,让基于抽象文字的沟通凌驾于面对面的人际沟通之上,这种做法漠视了人类为提升合作能力而进化出的无比复杂且精密的社交回路。使用电子邮件让我们无意中破坏了能够让彼此合作的系统。"备忘录和电子邮件就是跟面对面沟通的方式不一样。"彭特兰直言不讳。[29] 这也难怪收件箱总是带给我们折磨人的难言烦恼。

我们时常高估收件人对我们发出的信息的理解能力,这也进一步加剧了烦恼。斯坦福大学心理学专业的学生伊丽莎白·牛顿(Elizabeth Newton)在她1990年的博士学位论文中设计了一个实验,如今这一实验已成为经典。受试者两人一组,面对面坐在桌前。一位受试者用手指关节在桌上敲击一首家喻户晓的歌曲,另一位受试者来猜是哪一首歌。敲击歌曲的受试者预测会有50%

的听众猜出是哪首歌，但现实中只有不到 3% 的听众成功地说出了歌名。[30]

伊丽莎白·牛顿认为，当敲击者在桌面上敲出歌曲时，他们能够在脑海里听到这首歌的所有要素——不仅有歌声，还有伴奏乐器声——这让敲击者难以设身处地地体会聆听者的心理状态。聆听者对这些与歌曲相关的信息一无所知，只能对着一串时断时续的混乱敲击苦思冥想，社会心理学家称之为自我中心现象（egocentrism）。2005 年，由纽约大学的教授贾斯汀·克鲁格（Justin Kruger）带领的研究团队在《人格与社会心理学杂志》（*The Journal of Personality and Social Psychology*）发表了一篇非常有趣的论文，证明自我中心现象在解释电子邮件为何让我们抓狂时有重要的作用。

克鲁格和他的合作者们先从"讽刺"开始研究。在第一个实验中，他们给一组受试者提供了话题列表，要求受试者针对每个话题写两个句子：一个是正常语句，另一个是讽刺性的语句。随后，他们把这些句子通过电子邮件发送给另一组受试者，这组受试者的任务是辨别哪一句是讽刺性的。"不出所料，受试者们都过于自信了。"这篇论文解释道。语句作者们预测，读者基本上能答对每一道题。实际上，读者的错误率接近 20%。

在接下来的实验中，有一半的语句作者要用录音机录下自己读出来的句子，而另一半仍然用电子邮件发送自己的作品。通过聆听录音来辨别语句是否有讽刺意味更加简单，这或许并不意外。但令人意外的是，语句作者预测二者不会有差别：他们相信，受试者在阅读书面语句和聆听语句录音时，辨识讽刺语气的难易程度都一样。

为了证实自我中心现象是受试者过于自信的原因，研究人员又把注意力转向了幽默。这次他们给每位发件人提供了一则幽默小短文。他们特别引用了幽默作家杰克·汉迪（Jack Handey）的搞笑短片《沉思录》（*Deep Thoughts*）：画面背景让人倍感放松，没有感情的旁白装作一本正经地读出滚动的字幕，内容是一小段荒诞不经的独白。在20世纪90年代到21世纪初，《沉思录》是《周六夜现场》（*Saturday Night Live*）的常设节目。为了让这个实验更加具体（也让我有借口复制自己看过的最好笑的同行评审论文里的段落），以下是研究人员使用的《沉思录》里的内容：

> 在我所有的叔叔当中，我最喜欢的是穴居人叔叔。我们叫他穴居人叔叔，是因为他真的住在洞穴里，而且他有时会把我们其中一个人吃掉。后来我们发现他是一头熊。

为了测试自我中心现象，研究人员将发件人随机分成了两组。第一组的发件人只拿到了文字版的《沉思录》，再用电子邮件发出去。而第二组的发件人看到的是《周六夜现场》的视频——完美搭配了平静祥和的音乐、假装一本正经的旁白和观众的爆笑。看完视频后，第二组的发件人也只把文字版用电子邮件发出去。两组受试者都会被问及他们觉得这段文字有多好笑以及预估收件人会觉得有多好笑。

"相比控制组，观看了视频的受试者觉得文本更加好笑。"论文写道，"而且两组受试者预估收件人对笑话的评价也是如此。"看过视频的受试者在发送电子邮件时，脑海中会出现更丰富的内容来衬托邮件里的文字。正如伊丽莎白·牛顿实验里的敲击者能听到自己脑海中的歌曲一样，观看了视频的受试者在判断收件人对邮件的理解时，那些幽默的片段和观众的笑声也在他们的脑海中挥之不去。发件人对内容的主观体验越丰富，他与收件人之间的认知差距就越大——说明自我中心现象是过度自信的核心。

这项研究的结论是，电子邮件经常被误解，是因为"跨越个人对某项刺激的主观体验，想象视角不同的他人如何评价这项刺激，存在固有的困难"。更糟糕的还在后面——研究人员发现，这些信息的收件人跟发件人一样过度自信。收件人往往认为自己能够准确地发现讽刺或者识别幽默，但事实远非如此。这项观察间接地解答了我们对于电子邮件的诸多困惑。我们的表达并不像想象中那般清楚，相反常常被误解。你确信自己发出的是友善的提醒，而你的收件人却同样确信你发来的是尖锐批评。如果整个工作流程都建立在这种模棱两可又误会重重的沟通之上——摒弃所有丰富的、非语言的社交工具（阿莱克斯·彭特兰等研究人员证实这是成功的人际互动的基础），那么不必惊讶，工作中的电子邮件就是我们悲惨生活的罪魁祸首。

其实我们并不需要研究报告来证明每天都在经历的事情。麻省理工学院的社会科学家雪莉·特克尔（Sherry Turkle）在著作《重拾交谈》（*Reclaiming Conversation*）中，列举了在工作中将互动转为书面文字所带来的问题。其中一个案例来自一位名叫维克多的技术主管。维克多在一家大型金融服务公司管理着一支团队。"当你通过邮件处理过多事情时，麻烦就出现了。"维克多告诉特克尔。维克多必须说服团队成员，与客户产生问题时，要亲自和客户交谈。"他们自己从来想不到这一点。"维克多说，"我经常遇到想发 29 封邮件来解决 1 个问题的人。"而维克多的解决方案简单得多："去跟这些人谈谈。"维克多指出，他的年轻同事们把电子通信视为一种"全球通用的语言"，认为它提供了更有效的互动方式。维克多越来越认定自己应当说服他们，这样看待电子邮件是大错特错。电子邮件并不是一种通用的互动方式，在漫长历史中，人类复杂而微妙的行为定义了沟通方式，而电子邮件不过是对这些行为的拙劣模仿。我们都逐渐感受到了这种不匹配带来的后果。[31]

电子邮件增加了工作量

2012 年，格洛丽亚·马克带领的团队发表了一篇关于电子邮件影响的论文，这篇论文是这一领域我最欣赏的研究之一。[32]他们的实验简单明了：选择一家大型科研公司的13名雇员，要求他们停用电子邮件5天。在实验开始之前，研究人员并未提供具体的应急计划或其他工作方式，他们直接把受试者的邮箱关闭了，随后静观其变。

虽然这项研究得出了许多有意思的结论，但我关注的是一个没有写进论文里的细节，是我最近与格洛丽亚·马克谈话时才知道的。马克告诉我，其中一位受试者是科学家，他需要每天花两小时准备实验。根据他的自述，自己的挫败感日常缭绕不散，是因为他的老板习惯每天在实验准备阶段给他发邮件提问题或是分派工作。这要求科学家停下手中的活，转而关注老板的意愿，而这严重拖延了准备实验的进度。马克之所以还记得这位科学家的困境，是因为在没有电子邮件的5天里，他的老板并没有在他准备实验时打扰他，而老板的办公室和他不过隔着两个门。老板甚至不愿意走两步来门口探个头，结果自然不会给科学家布置更多工作。"这位科学家开心极了。"马克回忆道。

这个故事显示出电子邮件的重要成本，而这种成本却常常被我们忽略。在时间和社会资本层面，电子邮件这类工具几乎完全解决了提问或分派工作带来的麻烦。客观地看，这似乎是一件好事，减少麻烦就等于提高效率。不过，这种转变带来的副作用就是知识型工作者比以往提出了更多问题、分配了更多任务，导致这种超负荷成为持续状态，将我们推向绝望的深渊。

■ ■ ■

了解工作量变化的方法之一是查看追踪工作量时使用的系统。生产力大师戴维·艾伦（David Allen）在他2001年出版的畅销书《搞定》（*Getting Things Done*）中表示，电子邮件的普及始于时间管理方法的显著变化。直到20世纪80年代，"创造秩序的关键"还是用口袋大小的日程本（纸质日历）来整理每日待办事项以及安排在约定事项之间的时间。更有条理的员工还会使用优先级来安排计划，例如阿兰·拉金（Alan Lakein）的ABC方法或是斯蒂芬·科维（Stephen Covey）的四象限法，将当天要完成的重要任务排序。

"传统的时间管理方法和个人组织法在那个年代是有用的。"艾伦写道。但是随着20世纪80年代过去，用短短一串任务清单来概括一整天工作的想法已经过时了。"越来越多的人发现每天邮箱被几十封，甚至数百封的邮件填满，而且无法忽视任何一个诉求、抱怨或是指令。"艾伦写道，"只有极少数人能够……遵循提前计划的待办事项清单……但只要他们的老板一来打扰，整个清单就全军覆没了。"[33]

艾伦在时间管理界声名鹊起时，过度活跃的群体思维也逐渐"遍地开花"。艾伦著作的销量高达150万册，很大程度是因为他是最早一批严肃看待这种新工作方式带来工作量增加的商业思想家之一。他告诉那些不堪重负的读者，他们需要把每一项任务转移到一个"可靠的系统"中。这个系统可以分类和组织任务，但这为狂热的工作方式提供了基础。你得想方设法在新任务来之前就尽快做完手头的工作。

想要搞定一切的新手常常为任务清单的长度所震惊。艾伦回忆起自己在咨询工作中的经历：他发现自己需要不受干扰的两个整天才能帮企业高管们梳理清楚应该要做的每一件事，仅仅是列出任务就需要 6 小时，甚至更长的时间。[34] "高生产力"的企业高管们查阅自己的日程本，然后精心选择 6 件想要完成的任务着手——这样的时代早已一去不返了。在现代社会中，知识型工作者往往感到被任务紧紧包围。

相关研究也可以帮我们理解这种超负荷工作的感觉。2004 年，维克多·冈萨雷斯和格洛丽亚·马克在关于注意力碎片化的早期研究中，把员工的活动划分成不同的"工作领域"，每一个工作领域代表不同的项目或目标。研究发现，受试者平均每天要在 10 个不同的领域之间来回切换，平均一个领域停留不超过 12 分钟就要切换到另一个。[35] 在 2005 年的后续研究中，员工平均每天要接触十一二个不同的工作领域。[36] 每天要处理大量不同领域的任务，再加上每个领域还需要完成许多小任务和回复数十封亟待解决的邮件——这就是现代知识型工作者的悲惨写照。"夜半时分，我常常因为要做的事和还没完成的任务陷入恐慌，无法入眠。"记者布里吉德·舒尔特（Brigid Schulte）在她2014年出版的关于"忙碌病大流行"的著作《不堪重负》（*Overwhelmed*）中这样写道，"我担心，只有在面对死亡时，你才会发现自己的生命迷失在这种疯狂的每日琐事之中。"[37]

因此，我们可以认为在很大程度上是电子邮件——更准确地说，是电子邮件造成的过度活跃的群体思维——导致了这种转变，让工作量超负荷。这种说法的证据之一是时间点：我们似乎是在20世纪80年代末到21世纪初才开始变得忙碌起来的，而这恰好也是电子邮件在职场普及的时期。另一个证据来自专家的研究：戴维·艾伦、格洛丽亚·马克和其他研究人员都明确地把电子邮件和我们当前的疯狂状态联系在了一起。

有一个合理的机制可以帮助我们理解电子邮件是如何增加工作量的。上文中那位沮丧的科学家发现当邮箱被暂时停用时，他的老板也不再提出额外要求了，尽管老板的办公室离实验室只有两扇门。这意味着只需要增加少量阻力，就可以显著减少科学家要面对的要求。对知识型工作者来说，这个故事说明了一个道理——如果你必须穿过走廊、打扰他人的工作来提出需求，那么那些用电子邮件匆匆发出的、需要他人花费时间和注意力的请求又还剩多少呢？

这意味着职场环境中分配认知资源的系统潜藏着不合理之处。稍微增加一点阻力就能大幅减少占用时间和注意力的请求，表明这些请求原本就是无关紧要的——只是数字通信工具带来的低阻力的副作用。消除阻力反而会导致问题，这听起来非同寻常，因为人们习惯于"效率越高越有效果"的思维方式。可是我们工程师会知道，消除阻力带来的问题非常普遍。阻力太小可能会导致反馈回路失控，就像如果麦克风离扬声器太近，就会持续不断地放大声音，最终爆发出震耳欲聋的啸叫。

在现代知识性工作领域，工作量问题就等同于麦克风的啸叫。当阻力不复存在，那么请求任务的数量就会失控。我疯狂地想攫取他人的时间和注意力，以补偿他们从我身上获取的时间和注意力。很快，每个人就都像布里吉德·舒尔特一样彻夜难眠，淹没在"疯狂的每日琐事之中"。

如果在系统中重新引入阻力（就像格洛丽亚·马克的禁用邮件实验），这些"琐事"又会有何变化？我猜测许多"紧急任务"会直接消失。我可以在即时通信软件上快速发送一个重要问题，但如果提出这个问题需要我打断别人，面对他脸上烦恼的表情，那么这个问题很可能突然间就没那么重要了，我可能会放弃提问或者自己来处理。很多任务都可以调整到更合理的比重。以往用数十条消息来讨论的内容，可能会变成定期会议中的大规模讨论。你必须把自己需要解决的事项记录下来，留待下次会议提出，这可能确实有点烦人，但最终每个人都不再分心了。

阻力还能激发工作程序的智能化。假设我时常需要你在申请单上签字。如果使用像邮件这类低阻力工具，我会随时把表格发给你，花最小的力气把责任转移给你。但如果没有电子邮件，每次签名我都必须找到你本人，那么这就会促使我开发一个更好的系统，例如周五早上把表格放进你的信箱，你周一之前签好字还给我。这个系统对你来说可能更好，因为又屏蔽了一个占用你时间和注意力的请求。可是在可以快速发出电子表格、成本基本为零的条件下，这些情况就不太可能发生。

综上所述，我们常常高估了工作量的合理性。我们都相信如果接到一项任务，肯定因为任务很重要——这是工作的一部分。但正如我刚才说的，让我们繁忙一天的任务类别和数量可能会受到非理性因素的影响，比如占用他人时间与注意力的相对成本。当我们让沟通变得免费时，也无意中使得工作量大幅增加。这些新增的工作并非必要，相反，它们只是意外出现的副作用，却成了压力和焦虑的来源。如果我们愿意摆脱过度活跃的群体思维，终止疯狂的信息往复，就能消除这些压力和焦虑。

弄清楚悲惨生活的机制

大多数知识型工作者一看到满溢的收件箱，就会有一种本能的不快。然而，这一情况却并没有引发反抗，因为人们都认为这是不可避免的——这是高互联、高科技时代的工作不可或缺的部分。正如 2018 年《麻省理工学院斯隆管理评论》(*MIT Sloan Management Review*)上刊载的一篇文章所说："在知识型工作领域，'让每个人都忙碌起来'的理论始终盛行。"[38]（这篇文章还说明了,相比之下,制造业在20世纪80年代就已经明白,忙个不停不是做事的最佳方式。)

在本章中,我试图反驳这种模糊的定论。我详细地描述了过度活跃的群体思维流程让我们不快乐的3个具体方面:收件箱填满的速度总是比清空它的速度更快,这给我们带来了焦虑;纯文字交流的效率低下,让我们感到沮丧;当办公室互动的阻力消失时,我们的工作量也会失控。只要我们隔绝不快乐的源头,就可以避免相应后果。这是人类特定的工作方式与大脑自然运转方式之间的不幸冲突,而且很大程度上是意外冲突。所以解决之道并不是耸耸肩,而是用其他方式完成工作,替代过度活跃的群体思维流程,避开一些糟糕的、引发痛苦的副作用。正如我将在本书第二部分中探讨的,没有电子邮件的世界,很大程度上是一个更加快乐的世界。不过,在我们开始讨论哪种工作方式更好之前,我们要先理解当初为何会陷入这种生产力低下又令人痛苦的工作方式。

第三章

电子邮件有自己的想法

电子邮件的崛起

为什么电子邮件变得如此普及？在一个最让人意想不到的地方，我们发现了一条线索：这条线索就藏在位于弗吉尼亚州的美国中央情报局（CIA）总部的墙壁后面。这里有一个由总长约48000米、直径约10厘米的钢管组成的通信系统。这些内部真空的钢管早在20世纪60年代初期就安装在墙壁内，经过精心设计，是办公室内部邮件系统的一部分。需要传递的信息装在密封的玻璃纤维容器内，以大约每秒9米的速度急速穿梭在8层楼中的大约150个站点之间。寄件人可以调整每个容器底部的铜环来设定投递的目的地，钢管内的机电装置可以读取目标并为容器规划好路线。高峰时期，这一系统每天要投递7500条信息。[1]

根据中央情报局保存的历史记录可知，20世纪80年代末，当中央情报局总部扩建后，关闭了这种蒸汽朋克式的信息系统，这让员工们都伤心不已。有些员工怀念玻璃纤维容器到达时发出的铛铛声，因为这种声音让他们备感安慰；还有些员工则担心办公室内部的沟通会慢得难以忍受，传递信息的人会因为走太多路而精疲力竭。中央情报局的档案中还有一枚徽章的照片，徽章上写的是"救救钢管"。

为什么中央情报局要投入大量的资源来建设并维护这个笨重的系统？在20世纪中叶，更普遍和低价的办公室沟通方式早已普及。举个例子，在中央情报局总部大楼建成时，内线电话已经存在了几十年。明明可以轻松拿起电话打给对方，却仍然要用空气动力钢管系统寄一封信，是否真的有这个必要？

电话并不是万灵药。电话是传播学专家所说的同步通信的一个例子，它需要互动中的所有参与者同时加入。例如我拨打你的分机号，而你并不在办公桌前或是占线，那么这次互动的尝试就以失败告终。在一个小型组织中，通过电话找人是可行的，但随着19世纪过去、20世纪到来，那些厂房背后的单独账房和小小经理室已不复存在，办公室变成了宏伟的大厦，就像中央情报局的总部一样，在同一屋檐下有数千名白领雇员一起工作。在这种情况下，安排同步通信的代价变得更大，秘书电话互相找不到人，最终演变成漫长的耐力游戏以及堆积如山的未接电话的留言。

想要降低成本，还有另一种互动形式可供选择：异步通信。异步通信并不需要收信人在信息发出时在场。办公室内部的邮件推车就是这种通信方式的典型例子。如果我想给你寄一封信，我可以在方便时把信放在发件托盘上，随后，当这封信送达你的收件托盘时，你只需要在方便时拿起来查阅——我们之间不需要任何协调。当然，邮件推车的问题就是速度太慢。一封信从我的发件托盘出发，到达分拣站，再到达你所在楼层的推车，最终以人工方式放到你的桌上，这可能要花上大半天的时间。这对传达静态信息来说或许无妨，但对需要高效协调或共享时效性的信息来说，显然是不切实际的做法。

大型办公室真正需要的是一剂提高生产力的良方——把同步通信的速度和异步通信的低成本结合起来，而这正是中央情报局使用空气动力管道系统的目的。他们的电机管道和真空驱动的容器就相当于涡轮增压的邮件推车：异步发送一条消息不必花费数小时，只需要几分钟。这就是为什么在 20 世纪 80 年代中央情报局的总部扩建时，员工们会因为关闭管道系统而难过。但是这种悲伤情绪并未持续太久，因为在同一时期出现了一种更新、更廉价，甚至更快捷的实用异步通信方法：电子邮件。[2]

想要建立一个像中央情报局那样的管道通信系统，绝大多数的组织都缺少资源，而电子邮件的出现让他们第一次享受到了高速的异步通信。如今我们对此已经非常熟悉并且觉得理所当然，但是在 20 世纪 80 年代至 90 年代，在电子邮件刚普及时，这种变化带来的冲击力无疑是巨大的。

我们可以在这个时期的《纽约时报》中找到电子邮件飞速

发展的真实记录。《纽约时报》关于电子邮件的最早记录出现在1987年的一篇商业文章里,整篇文章都给电子邮件这个词加上了引号[3]:"虽然'电子邮件'并没有像其支持者预测的那样快速普及,但是它已经建立了利基市场。在企业界,'电子邮件'的追随者虽然数量不多,却在不断增加。"那时的电子邮件仍然需要用特殊的应用程序拨号到服务器才能建立连接,在断开连接前你可以收发消息。如果之后想要参考某条消息,你必须大费周章地把它保存到磁盘里。考虑到电子邮件技术早期的复杂性,这篇文章的谨慎态度是可以理解的,但是这种情况很快就大幅改观。

仅仅两年后,另一篇具有启发性的文章就见诸报端——这次电子邮件不再带引号了。[4]这篇文章讲的是娱乐产业对电子邮件的接纳。通过这篇文章,我们了解到,1989年,迈克·辛普森(Mike Simpson)任威廉·莫里斯经纪公司(William Morris Agency)重要的电影部门的联席主管,他利用史蒂夫·乔布斯(Steve Jobs)离开苹果后创建的 NeXT 公司提供的早期电脑网络技术,把公司在比弗利山庄和纽约办公室的300台电脑连接在一起。"你越快得到信息,就能越快利用它,这就是我们行业的基础。"辛普森说,"电子邮件已经赋予我们优势。"

这篇文章还列举了在电子邮件发展早期人们的赞美之情。一位经纪人说:"电子邮件能快速提供信息,替代电话,环境友好,并且能让许多人同时了解一件事。"另一位经纪人则讲述了自己跳槽到竞争对手公司——创新精英文化经纪公司(Creative

Artists Agency）的经历。令他"恐惧"的是，后者的办公室还在靠派件员来传递纸质信息，于是他坚持让自己的新同事们使用电子邮件。此外，迪士尼公司总裁杰弗瑞·卡森伯格（Jeffrey Katzenberg）也建立了私人电子邮件网络，用来与 20 位高层管理人员联系。"我们不得不爱上电子邮件，因为杰弗瑞爱它。"迪士尼负责剧情片宣传的副总裁解释道，"我们用电脑通信，而不是用电话交流。"

1992 年，电子邮件还属于新鲜事物，并不是每个人都能理解它。"电子邮件是挺有意思，但总归是个玩具。"哥伦比亚电影公司的一位故事分析师这样说道，现在他可能希望收回这句话。他随后补充："电子邮件鼓励人们喋喋不休，说一些没必要说的话。"这篇文章还称，在这一时期，大多数的电影公司还依赖一种名为 Amtel 的原始通信工具，它由屏幕和键盘组成，可以发送文字短消息。（在好莱坞，Amtel 的常见用途是让助理通知高管有谁在等着接通电话，不必打扰高管们的闭门会议。）

在 1989 年的文章里，颇具影响力的科技作家约翰·马尔科夫（John Markoff）对加速电子邮件发展的要素提供了更多洞见。[5]"在 20 世纪 80 年代，个人电脑兴起，电子邮件的地位始终不如传真机，只能屈居亚军。"他写道，"电子邮件终于迎来了自己的时代。"正如马尔科夫的文章所称，在 20 世纪 80 年代末期，电子邮件大部分用于同一公司内部人员的联系。1989 年，在美国航空航天工业协会（由 50 家航空航天公司组成，员工总数超过 60 万人）的施压下，主要的电子邮件网络供应商们"不情愿"地同意将彼此的网络互相连接，使用名为 X.400 的早期电子邮件协议，第一次允许一个网络的用户与另一个网络的用户通信。

马尔科夫颇有预见性地指出，一旦电子邮件遍及全球，传真机的需求就会大幅缩减。马尔科夫不是唯一一个看到电子邮件潜力的人。在这篇文章中，马尔科夫引用了史蒂夫·乔布斯的话，这句话也是准确的预测："20 世纪 90 年代，个人电脑将改变人们的沟通方式，这种影响就跟 20 世纪 80 年代电子表格改变商业分析和桌面出版的程度差不多。"

在马尔科夫的长文中，他列举了一些案例，为这种正在崛起的技术描绘了图景。"我们发现，电子邮件急速改变了我们的沟通方式。"文中一位医院的管理人员解释道，"电子邮件在我们组织里全面渗透。"马尔科夫详细描述道："在整个美国大大小小的办公室里，（电子邮件）都被视作一种比电话更高效的沟通方式。"

1992 年的《时代》杂志报道，电子邮件已成为一项每年营收达 1.3 亿美元的大生意。据预测，到 20 世纪 90 年代中期，电子邮件的产业规模将达到 5 亿美元，许多大型软件公司也准备进入这一市场，其中就包括 IBM 和微软。[6] 数年后，电子邮件的主导地位是毋庸置疑的。"自从 Lotus 1-2-3 电子表格在 10 年前被誉为第一个杀手级程序以来……人们一直在问：'下一个杀手级的程序会是什么？'"作家彼得·刘易斯（Peter Lewis）在 1994 年的一篇文章中写道，"在我看来，答案毋庸置疑：电子邮件就是20世纪90年代的杀手级程序。"[7]

正如这些文章所描述的，电子邮件以惊人的速度在商业领域快速普及。1987年时电子邮件还只是一个不太方便的工具，仅对利基市场有用。到了1994年，电子邮件已经是近10年来的"杀手级程序"，是价值5亿美元的软件产业的基础。这几乎是商业科技应用史上最接近一夕之间转变的例子。

正如我在前文中论证的，电子邮件解决了一个真正的问题——对高速异步通信的需求，并且它成本相对低廉又能简单上手。[8]不过，我们需要记住一点：电子邮件作为一种工具，我们并没有必要一直使用，这一点很重要。我们可以想象另一种历史：电子邮件简化了已经存在的电话留言和便条记录，但是办公室工作依然保持20世纪80年代中期的样子。换句话说，你依然可以享受电子邮件带来的好处，又不必采用过度活跃的群体思维来工作。所以，为什么这种降低生产力又让生活更加悲惨的疯狂行为会在电子邮件出现后遍地开花？当你深究这个问题时，会发现一系列微妙而有趣的答案，不过所有答案都指向了同一个令人惊讶的结论：也许我们今时今日的工作方式远比想象中更加具有随机性。

科技想要什么？

20世纪80年代初期，阿德里安·斯通（Adrian Stone）大学毕业，来到纽约阿蒙克的 IBM 公司总部上班，这是他的第一份工作。当时，IBM 的内部沟通严重依赖潦草的便条。在 2014 年的一篇文章里，斯通回忆了当年的情形：如果想跟某个人谈话，可以试着打电话，但是打电话经常找不到人，所以通常需要走到对方的办公室给他留一张字条。"等到对方看到这张字条，可能他们又找不到留言的人，于是游戏反转。"斯通写道，"这样来来回回会花上好几天。"⁹

这是一个重要的提醒——电子邮件出现前的世界也并不是"堕落前的天堂"。在这个时期，大型组织里的沟通确实是一个真实的痛点，而电子邮件的登场提供了一个简单的解决方案。所以，在 20 世纪 80 年代开始网络化运营时，IBM 便迅速使用了内部电子邮件服务。斯通在 IBM 的第一个任务就是调查在阿蒙克总部员工中，有多少正在利用电话留言、备忘录和潦草的便条等方式进行沟通，以便之后帮助普及内部电子邮件。IBM 希望大部分沟通转移到电子邮件上，同时要有一个足够大的主机来处理这些负载。斯通解释，这些机器在当时非常昂贵（"我们一开口就是百万美元级别的价格"），所以必须准确判定主机需要有多少处理能力，这一点非常重要。

根据调查结果，斯通很快就估算出能够轻松处理现有模拟通信所需要的负载。这一系统在设置完和安装后就开始使用。结果因为电子邮件太受欢迎了，几天之内，他们直接"炸毁"了服务器——服务器过载了。斯通告诉我，实际流量比预计的要多出

5～6倍，这意味着IBM在引入电子邮件后，内部通信量几乎立刻出现了爆炸式的增长。

这揭示了另一个事实：相比电子邮件出现之前，人们不仅发出了更多的消息，还把这些消息抄送给更多的人。斯通认为："在电子邮件出现之前，单纯的通信都是个人对个人的。"在电子邮件出现后，相同的对话现在要在漫长的邮件往来里展开，还涉及许多不同的人。"因此仅仅一周左右的时间，电子邮件带来的潜在生产力就开始提升，并呈现出爆发的态势。"他开玩笑地说。

这个故事很重要，因为它凸显了人与技术之间的动力关系，而这正是我们经常忽略的部分。我们都相信自己在理性地使用工具以解决问题，但IBM发生的事让故事变得复杂起来。在IBM内部，没有任何管理人员认为大规模增加内部沟通就能提高生产力，而突然被信息洪流淹没的员工也对此不满意。正如阿德里安·斯通回忆的那样，引入电子邮件系统的目的只是把已经存在的沟通转移到另一种更加高效的媒介上，从而让工作变得更加简便轻松。所以，到底是什么原因导致人们比平时增加了5～6倍的互动？一些密切关注这一问题的人给出了一个激进的答案——技术本身。

■　■　■

如果你与一位科学技术史学者交谈，你可能会在看似不可能的领域发现与我们讨论主题相关的一个很有意思的话题：兴起于加洛林王朝早期的中世纪封建制度。历史学家追溯了这种制度的起源：公元 8 世纪，查理曼大帝的祖父查理·马特（Charles Martel）没收教会的土地，重新分配给受封者，就此开启了封建制度。

为什么查理·马特要攫取教会的土地？1887 年，德国历史学家海因里希·布鲁纳（Heinrich Brunner）给出了权威的解答。他认为，查理·马特给忠诚的臣民分封是非常必要的，因为他需要为自己的军队配备骑兵。[10] 在后来的历史中，统治者可能只需要向国民征税，再用税金充当军费即可，但是在中世纪早期，土地就是资本的主要来源。如果你需要某人为你的军队效力并提供骑兵，他们必须有土地才行。布鲁纳旁征博引，有力地证明了查理·马特在整个王国建立采邑制的主要动机之一就是供养一批身穿闪亮铠甲的骑兵。

这个答案又引发了另一个问题：为什么查理·马特突然觉得有必要组建一支庞大的骑兵部队？布鲁纳提出了一个简单的答案。公元 732 年，查理·马特领导下的法兰克王国在普瓦提埃与来自西班牙的穆斯林军队交战，查理·马特的部队大部分都是步兵，而穆斯林军人都是骑马作战。根据布鲁纳的理论，查理·马特很快就发现了自己的劣势。几乎是战争一结束，查理·马特就突然开始没收教会的土地。正如历史学家小林恩·怀特（Lynn White Jr.）总结的那样："布鲁纳由此得出结论，阿拉伯人的入侵导致了封建主义产生危机，也是采邑制在 8 世纪中叶爆发式发展的原因。"这一理论在提出后数十年依然牢不可破，怀特认为它"抵御了各个方面的攻击"。[11]

但是在 20 世纪中叶，布鲁纳的理论遭到当头棒喝。新的学术研究表明，布鲁纳弄错了重要的普瓦提埃之战的日期，真正的时间是查理·马特开始掠夺教会土地的一年之后。"在查理·马特（及其继任者）统治的时期，我们看到了一场奇特的、缺乏动力的戏剧场面。"小林恩·怀特这样写道。[12] 供养骑兵的需求导致了封建制度的产生，这种想法依然是一个公认的假设，但是查理·马特的转变又让我们陷入了迷雾之中。这一问题直到小林恩·怀特在加州大学洛杉矶分校任教时，才得到解答。当时的小林恩·怀特担任中世纪历史学教授，无意中看到了一段"杂乱无章的"脚注，这段脚注是研究德国古董的学者在 1923 年写下的："马镫的出土，预示着公元 8 世纪新时代的来临。"[13]

这段脚注说明，驱使查理·马特发展封建主义的动力其实是一项传入西欧的基础发明：马镫。1962 年，小林恩·怀特在《中世纪技术与社会变迁》(*Medieval Technology and Social Change*) 这本经典著作中，以考古学和语言学的严谨证据，证明马镫的传入是查理·马特突然开始发展骑兵部队的原因。[14]

在马镫出现之前，骑在马上的士兵不得不用肩膀和肱二头肌的力量挥舞长矛，[15] 而马镫让更加高效的攻击模式成为可能。骑兵把长矛抵在大臂和身体之间，踩着金属马镫，身体前倾，这样就能通过自身体重和战马体重的合力，完成重重一击。这两种攻击方式的区别是巨大的。在8世纪，脚踩马镫、手持长矛的骑士是无坚不摧的"冲击性武器"，可以对敌人造成毁灭性打击。在一千多年前的中世纪版"核军备竞赛"中，查理·马特意识到马镫提供的优势是如此巨大，他要不惜一切代价抢在敌人之前得到它，即使这意味着颠覆几个世纪以来的传统，创立一种全新的组织形态。

在小林恩·怀特对马镫的研究中，我们发现了一种典型状况：为了简单原因（让骑马更简单）而引入的某项技术，最终导致连发明者自己都始料未及的广泛的复杂变革（中世纪封建制度的兴起）。20世纪下半叶，许多科技哲学领域的学者开始研究这种无心插柳柳成荫的案例。随着时间的推移，人们发现工具有时可以驱动人类的行为，这一观点被称为技术决定论。

这一思想有许多精彩的案例支持。比较知名的技术决定论著作是尼尔·波兹曼（Neil Postman）于1985年出版的经典作品《娱乐至死》（*Amusing Ourselves to Death*）。在这本篇幅不长的书中，波兹曼认为，大众媒介的传播形式可以影响一种文化看待世界的方式。[如果这让你想起马歇尔·麦克卢汉（Marshall McLuhan）著名的论断"媒介即信息"，你肯定不会惊讶，波兹曼正是麦克卢汉的学生。]

波兹曼利用这一概念来论证印刷机带来的影响比我们意识到的还要深远。关于印刷机的以往通行观点是，它可以大批量生产小册子和书籍，让信息传播得更快更远，加速知识的进化，最终在理性时代达到顶点。而波兹曼主张由此产生的"印刷文化"不仅加速了信息的流动，还改变了人脑理解世界的方式。"印刷的出现为智慧提供了定义，它把客观理性的思考放在了首位。"他写道，"印刷同时鼓励严肃、有逻辑顺序的内容以公共话语的形式出现。"[16] 正是这种新的思考方式，而不仅是可获取的新信息，突然开启了知识创新，让启蒙运动、科学方法带来了此后的进步。换句话说，古登堡认为自己让信息获得了自由，但实际上，他从根本上改变了我们对什么才是重要信息的判断。

技术决定论还有一个更现代的例子：脸书（Facebook）引入的"点赞"按钮。设计团队的博客记录了设计这一按钮的初衷：清理用户发布的帖子下面的评论。脸书的工程师们注意到，许多评论只是简单的积极感叹，比如"酷啊"或者"不错"。他们认为如果可以用点赞按钮来代替这些评论，那么剩下的评论就是更实质性的内容。换句话说，这个微小调整的目标是小幅度改进，但是他们很快就注意到一个令人意外的副作用：用户开始在脸书上花更多的时间。

在回顾时，这一变化逐渐变得清晰：收到点赞会给用户提供一种参差不齐的社交认可指标，一种体现他人看法的证据。每次点开脸书应用，你都能接收到点赞信息，这一想法劫持了人类大脑中古老的社交驱动力，让脸书突然变得更具吸引力。曾经人们只是偶尔登录脸书查看朋友的动态，现在更有可能每天不停地打开应用，看看自己最新发布的内容能获得多少个赞。很快，其他的社交平台也都引入了相似的社交认可指标——喜欢、转发、自动照片标签和互粉，这成了注意力工程领域的技术竞赛的一部分。最终硝烟散去，只留下少数实力强大的技术平台垄断型企业以及被发光的屏幕主宰生活、感到疲惫不堪的大众。而这一切只是始于少数工程师想让社交媒体评论区不再杂乱无章。[17]

技术决定论的一个重要观点是认为创新改变了我们的行为，但这种改变并非最初的使用者们有意为之，也不在他们的预料之内。这种想法可能会让你感到不适，因为没有生命的技术工具似乎被赋予了自主权——好像技术自己能决定用途一样。你不是唯一一个有这种感受的人，今时今日有很多学者都对技术决定论的分析避之不及，这种分析在学术圈内已成为"陈词滥调"，更受欢迎的理论是把技术工具理解为社会动力的向量。但我研究技术与办公室文化交集的时间越长，我就越发相信技术决定论可以教给我们一些有用的东西。

我们首先得摒弃"工具有自我意识"的惊悚言论。仔细审视技术决定论的案例会发现，意外后果几乎都出于实用主义的原因。新的工具给人类行为提供了一些新的选项，同时也关闭了其他选项。当这些变化与神秘莫测的人类大脑以及复杂的社会系统互动时，其后果可能是重大且无法预测的。这些研究涉及的技术并没有真正决定人类该采取何种行为，但是它们的影响对参与其中的人来说却是如此意外又突然，以至于"工具决定人类行为"

的故事就像事实一样可信。

在一些新工具带来深远变化后,你也可以回顾并分析其中的变量。举个例子,在马镫这个案例里,学者们就是这么做的:他们挖掘了查理·马特与马镫相遇的具体背景,例如他所处的政治环境,他之前与骑兵交战的经验,等等。事后回看,马镫催生了封建制度这一观点是有道理的,但是没有人计划或者预见了这一结果。

这又把我们带回了电子邮件。阿德里安·斯通和IBM就是纯粹的技术决定论的典型案例:因为一个简单目的引入了一种工具(为了让当前的传播实践更有效率),却带来了意想不到的结果(转向过度活跃的群体思维的合作方式)。转向的速度甚至不到一周时间,体现出技术工具的力量一旦爆发便能带来巨大的威力。

随着电子邮件在20世纪90年代普及,与阿德里安·斯通在IBM观察到的一样,类似的技术动力在世界各地的办公室里全面铺开,促使人们全盘接受了过度活跃的群体思维,却没有任何一个人停下来质疑这种激进的工作方式是否合理。我们之所以选择使用电子邮件,是因为它为大型办公室的异步通信提供了合理的解决方案。从某种意义上说,当这个工具开始普及时,过度活跃的群体思维就选择了我们,而我们只是从新开设的收件箱里抬起头来,耸耸肩,然后自嘲地说:"我猜这就是现在的工作方式吧。"

跌入群体思维

马镫让一种新型的冲击部队成为可能，而这对于加洛林王朝的存续而言是不可或缺的。但结果是土地被掠夺，反过来又颠覆了统治的本质，因为引入了这个用一点点金属和皮革制成的用途单一的发明后，封建制度开始兴起与发展。我刚刚提到，在一千多年后，另一种用途单一的发明——电子通信导致现代的办公室全盘接纳了过度活跃的群体思维。为了证实这一说法，我们不妨仔细审视一下那些背后的复杂力量，驱使我们从理性使用电子邮件，到非理性地接受过度活跃的群体思维。至少有 3 种群体思维驱动力在这次意外转变中发挥了作用。

群体思维驱动力 #1：异步通信的隐藏成本

正如前文讨论过的，电子邮件解决了一个办公室规模不断扩大而产生的实际问题：对高效率异步通信的需求，也就是让信息来回传递，而发信人和收信人无须同时在场沟通。你不再需要与同一办公楼里的另一位同事陷入"你打给我找不到人，我打给你也找不到人"的电话捉迷藏，可以用简短消息代替这种实时对话，只需要在你方便时发送出去，收信人则会在方便时读取。

对许多人来说，这种异步通信在严格意义上似乎更加高效。我在研究过程中遇到的一位技术评论员对比了同步通信（需要实实在在地对话）和过时的办公室技术，例如传真机。而传真机如今已经成为古董，当你的孙辈想了解过去的人们如何工作时，这种古董"会让他们感到迷惑不解"。[18]

问题出在电子邮件并没有像它宣传的那样成为提高生产力的灵丹妙药。事实证明，一条快速的文字信息并不总能替代一通快速电话，要数十封含糊其词的电子邮件才能复制对话的互动性本质。从前的实时交流现在通过电子邮件进行，然而数量却成倍增加如同恒河之沙，到这时也许你就能理解为什么一位知识型工作者平均每天要收发126封邮件。[19]

但是，并非每个人都对这种冗长沟通带来的复杂性感到意外。随着电子邮件接管现代办公室，分布式系统（distributed systems）理论领域的学者们也在研究同步和异步之间的权衡，而他们得出的结论与职场上的普遍共识恰恰相反。

"同步与异步"是计算机科学史的基础。在数字革命的头几十年里，程序都被设计成单机运行。此后，随着计算机网络的发展，程序已经可以在多台电脑上联网运行，分布式系统由此产生。为了弄清楚如何协调这些电脑，计算机科学家们不得不关注不同通信模式的优点和缺点。

如果你把一组计算机连接到网络，它们之间的通信默认是异步的。A机器给B机器发送一条信息，希望得到处理，但是A机器无法确定B机器什么时候才能看到这条信息。这种不确定性可能有多种原因，比如不同的机器运行速度不一样（如果B机器同时还在运行其他不相关的程序，可能需要一段时间才能去检查传入消息的队列），无法预料的网络延迟和设备故障。

编写这种能够处理异步通信的分布式系统算法其实远比许多工程师设想的要困难。举个例子，这一时期的计算机科学有一项惊人的发现，即一致性问题的困难之处。试想在分布式系统中，每一台机器都运行一项任务，比如把一项交易记录输入资料库，而这些机器的初始偏好是处理或者中止。这些机器的目的是达成一致，要么全部同意处理，要么全都同意中止。

最简单的解决方案是：每台机器都收集其他同伴的偏好，再应用特定规则（比如，用计票的方式选出胜者）来决定到底该选择哪种偏好。如果所有的机器都收集同一套投票，它们就会做出相同的决定。问题是，一些机器可能在投票前就死机了。如果发生这种情况，同组内的其他同伴就会陷入无止境的等待中，而那些早已死机的机器无法给出任何回应。在异步的系统中，这些延迟无法预测，因此等待中的同伴不知道自己该放弃还是该采取行动。

起初，对于研究这一问题的工程师们来说，解决方案似乎很明显：不必弄清楚每一台机器的偏好，只需要等待大多数机器的反馈即可。试想一下这个规则：如果我得知大多数的机器都想要处理，那么我就决定处理；否则，我就按照默认设置中止，这样比较保险。乍看之下，这条规则似乎行得通，只要死机的机器占少数就行了。但是让这一领域的许多人震惊的是，在1985年发表的一篇论文中，迈克尔·费舍尔（Michael Fischer）、我的博士生导师南希·林奇（Nancy Lynch）和迈克尔·帕特森（Michael Paterson）3位计算机科学家通过精湛的数学逻辑证明，在一个异步的系统中，没有分布式算法可以保证达成共识，即使确定最多只有一台计算机会崩溃。[20]

这一结论的细节颇有技术性，[21]但是它对分布式系统的影响非常明显。异步通信让协调变得复杂——这篇论文证明了这一点，所以引入更多的同步性虽有额外代价，但几乎总是值得的。1985年这篇著名的论文发表后，在分布式系统的背景下，出现了新的多种形式的同步性。在一些早期的电子控制系统和具备容错功能的信用卡处理机器上，使用的是一种粗笨的解决方案——把机器都连接到同一个电路中，让它们用相同的步调来工作。这种方法消除了无法预知的通信延迟，并且可以通过程序检测是否有机器宕机了。

由于这些电路有时安装起来太过复杂，于是也开始流行用软件来增加同步性。利用消息延迟和处理器速度的相关知识，就可以编写出程序，把通信调整为顺畅的回合，或是模拟出可靠的机器，从而帮助系统中不可靠的机器实现同步。

这场与异步的抗争最终在互联网兴起时起到了举足轻重的作用，亚马逊、脸书和谷歌等公司的大型数据中心使用的软件都由此开发出来。2013年，分布式系统领域的重要人物莱斯利·兰伯特（Leslie Lamport）荣获图灵奖（计算机科学界的最高荣誉）——以表彰他在促进分布式系统同步算法方面的贡献。[22]

真正的惊人之处在于,"异步与同步"在技术上的结论与职场上处理相同问题的商业思想家的结论迥然不同。我们知道,办公室经理们关注的是减少同步通信的成本,即减少因打电话找不到对方、得坐电梯去别的楼层亲自找人面谈带来的麻烦。他们相信,利用像电子邮件这样的工具可以降低成本,让协作更加高效。与此同时,计算机科学家却得出了完全相反的结论。从算法理论的角度来研究异步通信,会发现延迟是无法预测的,在这一条件下展开的通信具有棘手又复杂的新情况。当商业世界把同步视作一个需要克服的障碍时,计算机理论家开始意识到,同步才是有效协作的基础。

人类虽然和计算机不同,但是让异步的分布式系统复杂化的许多原因也基本适用于在办公室里协作的人类。实现同步性可能代价高昂,但如果在同步性缺失的条件下协作,代价同样不菲。这一现实恰好总结了许多人把沟通方式转为电子邮件后的经历,打电话找不到人、潦草的便条和无休止的会议如今换成了另一种痛苦——整天来来回回传递含糊的海量电子信息。工程师在试图让联网的计算机达成共识时发现,异步不是把同步扩散出去,而是带来了新的麻烦。在会议室或者电话里只需要几分钟就能解决的问题,可能会催生出几十封邮件,即便如此,可能还得不到一个令人满意的结果。换句话说,一旦你的办公环境转向了这种沟通方式,群体思维导致的过度活跃性很可能会变得无法避免。

群体思维驱动力 #2：答复的循环

哈佛商学院教授莱斯利·珀洛是研究现代职场"永葆联系"文化的专家。她在 2012 年出版的《与智能手机共眠》一书中提到，她之所以能意识到问题的严重性，是源于自己在 2006 年至 2012 年进行的一系列调查。这一时期，智能手机开始普及，也让群体思维的工作方式进入了新的过度活跃状态。调查的目标人群是超过 2500 名经理和专业人士，他们的工作被珀洛描述为"高压、高需求型工作"。[23] 珀洛询问了受访者的工作习惯：每周工作多少小时、工作时间以外查看邮箱的频率以及睡觉时是否把手机放在身边。结果非常明显：这些专业人士几乎总是保持"在线状态"。

珀洛随后进行了更深入的研究，这与我们的讨论尤为相关。她与研究对象对话，以便更好地理解他们是如何一步步走向无休止的沟通状态的。珀洛发现一个社交反馈循环出现了问题，她称其为答复的循环。这个循环始于一个人对时间的合理需求。想象在 2010 年，你刚刚开始使用智能手机，发现客户在下班后提出的问题可以及时回答了。面对在不同时区工作的同事，你也可以快速回应。这些客户和同事知道了，在这些时间段里也都能找到你，于是，他们开始发送更多的请求，并且期待你给出更快速的回应。越来越多的信息开始涌入，你查看手机的频率越来越高，这样你才能跟上这些涌入的新信息。但人们对于你给出快速回应的期待值也越来越高，所以为了更快回复，你感受到的压力也越来越大。正如珀洛总结的那样：

> 于是，这个循环开始了：团队成员、领导和下属持续输出更多问题，对个人时间的挤占逐步增加，勤勤恳恳的员工也接受了这一点，而他们对彼此（包括自己）的期待也相应提高。[24]

这是技术决定论在职场上的绝佳案例。在成员、领导和下属中，没有一个人喜欢这种循环带来的无休止沟通的文化，也没有一个人建议过，或是有意识地决定接纳这种文化。事实上，当珀洛随后说服波士顿咨询公司的团队设置远离通信工具的时间后，团队成员表示自己的工作效率和效果都提升了。[25]珀洛进一步建议设置下班后收到的邮件自动保留，到了第二天早上上班时再发出（对于确实紧急的通信，可以设定特殊标志绕开这项限制）。这种转变听起来简单，但却可以斩断答复的循环，带来深远的影响。

从珀洛的研究中，我们得到了一个重要教训：这种全新的沟通方式完全是随意出现的，毫无计划可言。媒介理论家道格拉斯·洛西科夫用"合作步调"来描述这种倾向——人类群体的行为逐渐融合，成为严格统一的模式，却从未真正确认这类行为是否合理。[26]我发现你对我发出的信息回复得更快了，所以我也开始照做，其他人也纷纷效仿，答复的循环出现了，随后成了默认设置。珀洛研究的咨询顾问们没有主动选择答复的循环，从某种意义上说，是电子邮件为他们做了选择。

群体思维驱动力 #3：电脑屏幕前的穴居人

2018 年，特拉维夫大学的考古学家阿维亚德·阿加姆（Aviad Agam）和兰·巴卡伊（Ran Barkai）在《第四纪》（*Quaternary*）期刊上发表了一篇论文，回顾了现有的"考古学、民族志和人种历史学记录"，总结了人们如何理解从旧石器时代早期开始的、人类狩猎大象和猛犸象的方式。[27] 在这篇论文中，有 4 幅引人注目的炭笔画，精准描述了二位作者的猜测。

第一幅图是 7 名旧石器时代的狩猎者在攻击一头大象，大象前腿抬起，后腿站立，每个狩猎者都向大象脆弱的部位掷出长矛。第二幅和第三幅图是独行的狩猎者试图偷袭大象，在大象发觉之前，狩猎者用长矛发出致命一刺。一幅图中，狩猎者从下方攻击，刺穿了大象腹部；另一幅图中，狩猎者藏身树上，在大象经过时向下刺去。第四幅图中，大象掉进了陷阱，6 名狩猎者带着长矛冲锋，终结了大象的性命。

我们必须注意这一点：在每一个围猎场景中，狩猎者都是以小型群体的形式出现的。这证明人类在捕猎巨型动物时，要么单打独斗，要么小群体合作，这种情形贯穿于漫长的进化史中。这一事实也适用于其他活动，例如狩猎小型猎物和觅食，正是这些活动构成了主导人类进化史的"工作"。无须精通进化心理学便可以得出合理的结论：人类非常适合小团体协作。

为了将这项对人类历史的观察与我们目前对电子邮件的讨论联系在一起,我们需要考虑合作的动态。如果你是旧石器时代狩猎小组的成员,正在悄无声息地接近一头大象,你和其他成员之间的沟通肯定是临时起意且毫无结构的,因为你必须视情况快速调整(想象一下,用现在已经失传的穴居人方言传达以下对话):

- 小心……小心那些棍子,它们可能会折断,吓到大象……
- 等下,绕去那边……
- 现在得慢下来,它的耳朵竖起来了……

即使在晚近的前工业化时代,绝大多数人与他人合作的主要模式也是小团体形式,从农民与孩子一起犁田,到铁匠与学徒在铺子里一起工作。跟旧石器时代的狩猎者一样,小团体协作最自然的方式就是自由随性。这是植根于基因与文化的最本能的合作方式,与过度活跃的群体思维流程的主要特征一致。因此,当电子邮件这种低阻力的通信工具被引入现代办公场景,让无结构通信成为可能时,我们不应该感到惊讶,因为我们都会被这种互动方式吸引。

问题就在于,办公室采用的过度活跃的群体思维与石器时代猎捕大象的群体合作思维有一点最显著的差别:办公室连接了更多的人。毫无结构性的合作对于 6 人捕猎小组来说完美适用，但在联络大型机构里数十名甚至数百名员工时，就会极度低效，只能用灾难来形容。我们之所以了解这一点，部分源于已有大量研究讨论协同工作、解决专业问题的最佳小组人数。"自社会心理学诞生以来，规模问题就一直不断提出来。"沃顿商学院的管理学教授詹妮弗·穆勒（Jennifer Mueller）解释。[28]

这一领域最早的研究者之一是 19 世纪的法国农业工程师马克西米利安·林格尔曼（Maximilien Ringelmann），他证明越多人参与拉绳子的任务，每个人使出的平均力量就越小——随着团体规模增长，收益开始递减。虽然拉绳子这种体力活动跟现代的知识型工作没有太大关系，但是林格尔曼的研究仍然有重要意义，因为它引入了一个普遍的概念：扩大团队规模不一定就能提升效率，二者并不成正比。

在现代，许多管理学教授都以这项观察为基础，研究团队规模扩大对协同工作效率的影响。2006 年，沃顿商学院发表了一篇评论文章，总结了不少相关研究的论文。虽然团队的最佳人数始终没有具体定论，但差不多每个研究的结果都落在 4 到 12 人这个狭窄区间里——这正是我们观察到的旧石器时代大象猎捕小组的人数。

为什么小组人数超过这一区间时，效率就会变得更低？人们给出了许多理由。举个例子，由林格尔曼首先观察到的"懈怠效应"似乎适用于知识型工作任务。（简单来说就是：参与一个项目的人越多，就越容易偷懒。）但是，沟通日趋复杂也是另一个关键要素。对猎捕大象的 6 人小组来说，想要协调进攻，有话尽管说出来就行了。但如果你把狩猎小组的规模增加到 60 人，原本的共同努力就会沦为不同声音的争执和互相误解的想法，这也是为什么这种规模的军事部队几乎都有严格的指挥连。

将这些线索联系到一起，我们就能为群体思维的普及编织出一套可信的说辞。在人类历史的长河中，绝大部分时间我们都是以小团体的形式与他人共同工作的，沟通方式也都是临时的，没有任何特定的结构或规则。随着大型办公室在 20 世纪初期兴起，原来的自然协作模式被彻底打破，我们必须让打字小组把备忘录打出来再寄送，或是由秘书安排一对一的电话交谈。当电子邮件出现时，我们发现了一种方式，可以把更原始的沟通方式带回疏离的办公环境中——我们可以匆忙地交谈，想到什么就发出邮件，并且希望对方给出快速回应——仿佛大象狩猎在网络环境下重现了。这样做的结果就是过度活跃的群体思维支配了工作流程——在本能层面是行得通的，但是在现实层面却把我们推向悲惨生活，因为我们误判了过度活跃的群体思维应用于大型团队的能力。

换句话说，虽然商界高管在手机上猛敲已是常态，也似乎成了现代生活的特征，但追根溯源，人类在旧石器时代就已经形成了这种习惯。

彼得·德鲁克与"注意力公地悲剧"

20世纪初,彼得·德鲁克还是一名生活在奥地利的儿童。孩提时代的他就已经接触到当时最重要的经济思想家,其中就包括以"创造性毁灭"理论闻名于世的著名经济学家约瑟夫·熊彼特(Joseph Schumpeter)。熊彼特参加过彼得·德鲁克的父母阿道夫和卡洛琳举办的晚间沙龙。[29] 这些沙龙的智慧力量为德鲁克日后成为现代最重要的商业思想家之一奠定了基础,后来他成为公认的"现代管理学之父"。[30] 彼得·德鲁克一生中出版了39本书,发表了无数文章。2005年,彼得·德鲁克去世,享年95岁。

1942年,33岁的彼得·德鲁克是贝宁顿学院的一名教授,他出版了自己的第二本著作《工业人的未来》(*The Future of Industrial Man*),开始崭露头角。这本书提出了一个问题:自从詹姆斯·瓦特发明蒸汽机以来,在西方人建立的全新社会现实里[31],该如何构建"工业社会",才能最大限度地尊重人类的自由和尊严。这本书的出版恰逢第二次世界大战,获得了大量的读者。通用汽车的管理团队也对此书印象深刻,他们邀请德鲁克花两年时间来研究世界上最大的公司是如何运行的。[32] 这项工作的结果就是1946年出版的《公司的概念》(*Concept of the Corporation*)一书,这本书也是最早的研究大型机构实际运行的著作之一。这本著作奠定了管理学研究的基础,也成就了德鲁克的职业生涯。

德鲁克不光是一位享有盛誉的商业理论家，他的影响力还能帮我们回答一个问题：即使我们接受过度活跃的群体思维在很大程度上是自发的，那为什么在其缺陷如此明显时，还依旧让它存在？

■　■　■

20 世纪 40 年代，彼得·德鲁克在通用汽车公司进行观察和研究期间，结识了颇具传奇色彩的首席行政官小艾尔弗雷德·斯隆（Alfred P. Sloan Jr.）。后来，德鲁克回忆道，斯隆曾经谈及如何成为一名成功的经理："他必须绝对宽容，不去关心别人是如何完成工作的。"[33] 这一观点在 20 世纪 50 到 60 年代重回德鲁克的思想中，在此期间他创造了知识型工作这一名词，并且开始注意到这种新兴的经济——头脑的产出比工厂的产出更有价值。

"知识型工作者无法被密切监督或事无巨细地监控。"德鲁克在 1967 年出版的《卓有成效的管理者》（*The Effective Executive*）中写道，"他必须自己领导自己"。[34] 这是一个激进的想法。在这个国家的工厂里，对工人进行集中控制才是标准操作。工厂的管理层把工人视为自动化的机器，执行由一小撮聪明的经理人精心设定优化程序，这都是受到了弗雷德里克·温斯洛·泰勒（Frederick Winslow Taylor）推广的所谓"科学管理"原则的影响，泰勒最著名的事迹就是拿着秒表在工厂里巡逻，把低效率的动作统统去掉。

德鲁克认为,这种方法注定会失败。因为在知识型工作的新世界里,高效产出不是昂贵设备的冲压零件创造的,而是脑力工作者用专门的认知技能创造的。实际上,知识型工作者往往比管理他们的人更了解自己的专业。德鲁克总结道,领导这些高技能人才的最好方式就是为他们提供清晰的目标,然后放手,由他们自己选择合适的方法来实现脑力劳动。指示一位组装流水线的工人如何准确地安装方向盘可能卓有成效,但是告诉一位市场营销文案人员如何进行头脑风暴从而想出新产品的口号,肯定是徒劳无功的。

德鲁克在漫长的职业生涯中,始终宣传"知识型工作者自主"的理念。一直到1999年,他还在强调这一理念的重要性:

> (知识型工作)要求我们把生产力的责任施加在知识型工作者个人身上。知识型工作者必须自我管理。他们必须要拥有自治权。[35]

这一理念可谓影响深远。除了一些例行公事的行政程序(比如填写费用报告),现代办公室里繁重任务的复杂性已经超过了管理的范畴。这些都被归入了个人生产力的模糊范畴。想知道怎样才能把事情做好吗?买一本如何管理自己手头任务的书(德鲁克的《卓有成效的管理者》就是最早讨论这个主题的书籍之一），使用新的计划表或者更简单的方式——更加努力工作。知识型工作者并不指望组织机构能了解自己有多少工作或是自己如何完成工作。

换句话说，当我们从工业型劳动转向知识型工作后，为了负担沉重的自治，放弃了自动化机器的身份。正是在这样的背景下，过度活跃的群体思维一旦就位，就极难根除，因为一旦无人负责工作流程的正常运行，修复被破坏的工作流程就非常困难。1833年，英国经济学家威廉·福斯特·劳埃德（William Forster Lloyd）提出了一个假设，现在已经成了博弈论的经典案例，即公地悲剧[36]。想象一下，镇上有一块公共草场，可以在此放牧牛羊，这在19世纪的英国很常见。劳埃德提出了一个有趣的矛盾：每位牧民都会尽可能多地在公共草场上放牧，因为这符合自身利益，然而一旦所有的牧民都将自身利益最大化，公共草场的过度放牧就无可避免，这时的公地会变得毫无用处。在很多情况下，这种为了追求个人利益而导致集体困境的情况屡见不鲜——从不稳定的生态环境，到自然资源开采，再到公用冰箱的使用行为等。使用电影《美丽心灵》（*A Beautiful Mind*）的主人公原型——约翰·纳什（John Nash）在20世纪中叶引入的数学工具，你甚至可以精确地分析这种情况，这就是博弈论学者所说的"低效纳什均衡"。

现代办公室里的沟通简直是劳埃德思想实验的另一个活生生的例子。一旦你所在的机构、组织陷入了群体思维，就会因为这符合每个人的眼前利益而坚持这种工作流程，即便这会为组织整体带来长期的不良结果。如果你给同事发的信息能获得快速响应，你的生活立马就会变得更加轻松。同理，如果你身处一个依赖群体思维的团队中，那么单方面减少自己查看收件箱的时长，只会拖慢其他人的进度，引发困扰和不满，并可能会让你的饭碗岌岌可危。尽管这样比喻有些风险，但在知识型工作中，我们都在时间和注意力的公地上过度放牧，因为我们每个人都不想让自己的"认知绵羊"忍饥挨饿。

换句话讲，过度活跃的群体思维带来的负面结果，仅靠稍微改变个人习惯是难以消除的。即使是以改善组织行为为目标的善意之举，比如颁布更好的电子邮件回应规范或是进行"周五无邮件日"这样的一次性试验，都注定会失败。因为150年来的经济学理论教育我们，想要解决公地悲剧，不能指望牧民改变自己的行为；相反，你需要用更有效的制度来代替旧的放牧系统。对待过度活跃的群体思维也是同一个道理：不能用小幅调整来解决，而是需要用更好的工作流程取而代之。想要实现这一点，我们必须重新审视彼得·德鲁克给办公室工作的标签。德鲁克指出，我们无法把知识型工作者的专业工作完全系统化，这一点非常正确。但是，我们不能把相同观点套用在与专业工作相关的工作流程上。经理无法告知文案人员应该如何想出一个精彩绝伦的广告，但是经理可以告知他任务是如何分派的、有哪些职责或者如何处理客户的要求。

想要实践更智慧的工作流程，避免过度活跃的群体思维带来的糟糕影响，这需要付出极大努力，反复试验，也要面临诸多烦恼。但如果有正确的指导原则，这无疑是可以实现的，也能创造巨大的竞争优势。在本书第二部分，我们会解释这些指导原则。

第二部分

远离过度互联的指导原则

第四章

注意力资本原则

福特 T 型车与知识型工作

想要摒弃过度活跃的群体思维工作流程,我们的努力得从一个或许让你意想不到的地方开始。在 20 世纪早期,福特创立的福特汽车公司跟其他竞争者生产汽车的方式别无二致。"我们就是在地上找块地方,把汽车组装起来。"福特解释,"工人把需要的零件带过来,就跟盖房子一样。"[1] 组装中的汽车被抬到锯木架上,减少工人不必要的弯腰,有一群工人围着车,将各种零件打磨调整再安装到位。汽车工厂使用的这种工艺方法,正是把卡尔·本茨(Karl Benz)在 19 世纪晚期组装第一辆实用汽车的自然方法直接扩大化了。[2]

从只能坐下两个人的 A 型车(如果你想要装顶棚,还得另外加钱),到后来的 B、C、F、K 和 N 型车,福特终于在 1908 年开发了实用车辆的杰作:T 型车。这项创新设计不仅改变了车的特征，还是汽车制造全过程的革新。这项创新迈出的重要的一步就是引入了可更换的配件。这项技术最早起源于南北战争时期的新英格兰军械库，福特把这款车的早期版本获得的利润拿去投资，生产可以制造出精准汽车部件的专门工具，从而减少组装这些部件时锉平和修整打磨的漫长时间。[3] 对此，福特公司引以为豪："你可以开着 T 型车环游世界，可以和你在路上遇到的任何一辆 T 型车互换曲轴，两台发动机都能完美工作，就跟互换前一样。"[4]

缩短了修整打磨的过程，互换型配件让快速组装汽车成为可能，但福特还必须弄清楚如何在最短的时间内，将大约 100 件 T 型车精准零部件组装成一辆可以行驶的汽车。为了实现这个目标，福特尝试了许多不同的方法。根据工艺方法原本的标准要求，应该有 15 名工人在同一辆车上一起工作。福特曾经尝试由一位工人专门负责组装一辆车，同时配备另一位工人把零件递给他。但是，独自组装的这位工人需要在不同的组装步骤中来回切换，延迟仍然存在。因此福特引入了一套系统：每位工人只完成一项单独任务，比如，给汽车装上保险杠，接着他要在工厂里走动，从一辆车走向另一辆车，在每辆车上都完成这一步骤。这让情况有所改善，但是这些专业工人的轮班调度也是困难重重。

在 T 型车问世 5 年后的 1913 年，福特进行了合乎逻辑的下一步改进：之前是车不动，工人移动；如果换成工人不动，车从工人身边移动过去呢？他开始在一个迷你的组装流水线上尝试。

例如，加快线圈磁电机——为 T 型车的点火系统提供火花的装置——的生产速度。过去，一个工人在自己的工作台上大约需要 20 分钟才能从零开始组装好一台磁电机。在福特引入这种基本的、齐腰高的传送带后，他将组装分成 5 步，由 5 位工人并排站着参与组装，现在只需要 5 分钟就能组装好一台磁电机。

就像人们常说的，灵感的灯泡点亮了。继磁电机之后，组装车轴的新流水线也投入使用了，制造时间从原来的 2.5 小时缩短到 26 分钟。之后是三段变速箱的移动生产线，它将发动机的组装时间从 10 小时缩短到 4 小时。受到鼓舞的福特信心倍增，迈出了革新生产系统的最后一步：建造了重型的链式传送带，以便整个汽车底盘能在流水线上移动。[5]

在当今世界，我们对于复杂的加工程序已经习以为常，但福特第一次大规模采用这种创新系统的意义非同凡响。过去生产一辆 T 型车的总时间超过 12.5 个工时。流水线出现后，时间缩短到了 93 分钟。这款标志性的福特汽车卖出了 1650 万辆。鼎盛时期，在高地公园福特的巨大工厂里，每 40 秒就有一辆新的 T 型车出厂。

20 世纪早期的汽车工厂里叮当作响的链条和火花四溅的焊接工作，似乎离当下在显示器上敲打电子邮件的时髦知识型工作者很遥远。但福特的发明创造以及对工业制造世界带来的影响，能够为我们逃离过度活跃的群体思维提供非常有用的参考。

■ ■ ■

2019年秋天,《华尔街日报》报道了一位德国企业家拉赛·莱茵冈茨（Lasse Rheingans）的故事。莱茵冈茨在自己的初创科技公司采用了一种新的工作制度：5小时工作制。他缩减的不仅仅是员工待在办公室的时间，更是员工每天花在工作上的总时长。员工们大概每天早晨8点来到公司，下午1点就离开了。在工作日禁止使用社交媒体，会议也有严格限制，查看电子邮件也受到约束。员工完成工作后，一直到第二天早晨都是下班时间。他们不用在键盘前加班到深夜，不用在孩子进行体育活动时偷偷摸摸用智能手机发送消息，所有专业活动都严格限制在办公室里。莱茵冈茨的想法是，除去分散注意力的活动以及与工作有关的无休止对话，每天5小时已经足够员工完成对公司有意义的重要事情了。

关于莱茵冈茨的这篇报道问世后不久，《纽约时报》邀请我针对这一试验写一篇评论。几周之后，我的评论发表了。[6]"《华尔街日报》用'极端'来形容莱茵冈茨先生的做法。"我写道，"（但是）我相信，真正极端的是很多组织从未尝试过类似的试验。"我引用了亨利·福特和流水线的故事，这个故事告诉我们一个基本的道理：在资本驱动的市场经济下，在制造产品时，拥有的资源数量并不能预测盈利能力。比如，在T型车推出之前，福特拥有的资本并不比竞争对手多。在某些关键时刻，福特的资本可能比对手还少。（第一辆福特 A 型车售价 750 美元，购买者是芝加哥的一位牙医，此时福特的现金储备只有 223 美元。[7]）但是到 1914 年底，福特公司生产汽车的成本降低，利润比其他竞争对手高出 10 倍。因此如何运用资本与拥有多少资本同样重要。

在福特革命之后，这一原则已成为工业管理的基础。现在人们认同，持续的工业增长需要不断试验和改进产品的生产流程。正如彼得·德鲁克在 1999 年发表的一篇经典论文中提出的，这种对工业改进的执着取得了巨大的成功。德鲁克提醒读者，自从 1900 年以来，体力劳动者的生产力已提高至原来的 50 倍！"体力劳动者的生产力创造了所谓的'发达'经济体。"他写道，"这项成就奠定了 20 世纪所有的经济和社会增长。"[8]

但当我们将注意力转回知识型工作时，便会发现这一领域缺少相同的试验和革新精神。这就是我在《纽约时报》上发表那篇文章的意图：拉赛·莱茵冈茨实行的 5 小时工作制试验是如此罕见，这种情况才是真的"极端"。某种程度上，莱茵冈茨在使用亨利·福特的思维模式来看待自己的公司，莱茵冈茨以大胆创新的方法配置资本以创造更多价值。我的评论在《纽约时报》发表后没多久，莱茵冈茨就主动找到我，一起探讨他公司的情况。他说，到目前为止 5 小时工作制试验已经进行了两年，短期内他并不打算改变这一做法。

不过这种转型的确颇具挑战性。我问莱茵冈茨是如何说服员工不要总是查看收件箱的,他告诉我:"答案可能不像你期待的那么容易。"对于团队内的许多人来说,让他们少看邮箱,只靠建议是远远不够的。莱茵冈茨从外面请来了教练,强调"无休止地查看电子邮件或社交媒体对我们毫无裨益"。同时,教练还鼓励员工进行冥想这类正念练习来缓解压力,同时练习瑜伽来促进身体健康。莱茵冈茨的目标是让每个人都慢下来,更加从容不迫地完成自己的工作,减少疯狂的行动,意识到自己曾经"每天忙忙碌碌,却徒劳无益"。这些改革生效后,员工不仅能在 5 小时内完成原本需要更长时间的工作,甚至还绰绰有余。

愿意大刀阔斧改革基本工作结构的商界领袖寥寥无几,但莱茵冈茨就是其中之一。目前,大多数组织还困在过度活跃的群体思维造成的生产力困局中,专注于以微小调整来弥补糟糕后果。这类"解决方案"包括调整对电子邮件响应速度的期望或者把邮件主题写得更好。在这种思维下,我们接受了自动文字填充功能——这样写邮件的速度就更快,还有即时通信软件的查找功能——这样就能在来来回回的混乱聊天中快速找到想要的内容。这就像是想通过给工人提供走得更快的鞋来提升汽车生产的工艺方法,结果只是在错误的战斗中赢得了微小的胜利。

并非只有我和莱茵冈茨注意到了这个问题的重要性。在彼得·德鲁克发表于 1999 年的一篇论文中,他认为从生产力思维的角度来看,知识型工作还停留在 1900 年的工业制造期,也就是停留在激进试验带来生产力提高 50 倍之前的水平。换句话说,如果我们愿意认真反思自己的工作方式，就可以迎来知识型工作领域类似的经济效益的大爆发。德鲁克指出，提升知识型工作的生产力是我们这个时代的核心挑战："最重要的是，发达经济体未来的繁荣，实际上是未来的生存越来越需要倚重（知识型工作的）生产力。"[9]

在接下来的这项原则中，我们可以了解到这种思维转变的必要性和潜力，它为本书第二部分的实践奠定了基础。

注意力资本原则

如果能找到优化大脑能力、使之持续为信息增加价值的工作流程，就能显著提高知识型工作领域的生产力。

在工业领域，主要的资本资源是材料和设备。[10] 而有些资源配置方式的回报远远高于其他方式（想想组装流水线与工艺方法）。对比一下知识型工作领域，主要的资本资源就是人类的大脑——通过雇用大脑给信息增加价值——这就是我所说的注意力资本。不过这两个领域都适用相同的道理：不同的资源配置策略会带来不同的回报。根据本书第一部分的证据，过度活跃的群体思维会无休止地切换于不同的网络之间，让人晕头转向，这显然不是最佳策略。从某种程度上说，这就相当于用老旧的工艺方法来制造汽车。想要实现彼得·德鲁克预言的 21 世纪生产力大爆发，我们需要找到能创造更高回报的知识型工作方法。

后续的章节将会探索哪些具体做法能够更好地配置注意力资本。你将了解到把焦点从优化人员转移到优化流程的价值，以及把专门工作与行政事务分开的重要性。对于大幅减少一般知识型工作者不切实际的预期工作量，我也会提出自己的观点。你还会了解到更多像莱茵冈茨这样的案例分析，还有其他愿意尝试更好的替代方法的组织。不过，在继续讨论这些细节之前，本章的剩余部分会关注实践注意力资本原则的最佳一般性案例。

案例研究：戴维什摒弃群体思维

让我们从一个具体的案例开始：一位名叫戴维什（Devesh）的企业家以注意力资本概念重新思考了小型市场营销公司的工作。戴维什的公司雇用了一批远程办公的员工，分布在美国和欧洲各地。这种地域上的多元化，让大家身处不同时区，对电子邮件之类的异步通信工具也格外依赖。和其他情况类似的公司一样，戴维什的公司也很快陷入了过度活跃的群体思维，依赖无休止的邮件来开展业务，情况一塌糊涂。戴维什说那段围着收件箱打转的时期让他疲惫不堪："收件箱里塞满了笔记、设计文件、即时信息和讨论多个项目的单一邮件。"

和其他被群体思维的工作流程裹挟着、喘不过气的企业主一样，戴维什首先想通过提高沟通效率来解决这一问题。他采取的措施之一就是让公司改用谷歌邮箱——可以更好地给邮件自动分组，还能提供流畅的智能手机应用，让员工们即使不在办公桌前也能跟上进度。虽然这些努力都是为了提升效率，但是无法从根本上减少导致他们疯狂沟通的庞大信息量。戴维什和员工感觉被信息轰炸，这些信息主宰着他们分配时间的方式。一切愈发明显——这不太可能是知识型工作的最佳方式。用我们的新术语来说，戴维斯担心这种配置注意力资本的方式会让公司获得的回报极低。

戴维什借鉴了亨利·福特的策略，开始用激进的新方法来组织公司业务。他的核心洞察是，当员工依赖于群体思维时，收到的信息决定了他们的日程安排——主宰他们该忙什么，让他们来回切换于不同项目之间，严重限制了他们的注意力质量。戴维什决心扭转乾坤，他让员工自己决定工作内容，一旦决定，就把注意力限制在自己选择的内容上，直到他们准备好更换成其他的工作内容。为了实现这一新目标，戴维什摒弃了群体思维模式，不再将所有的工作都发到每个人的综合邮箱。他基于一个名为Trello的项目管理工具重建了公司的工作流程。

当你想在这个软件上建立一个项目时，可以创建一个名为"看板"的专门网页，分享给相关合作者。看板上可以添加栏目，每个栏目下面可以放置一叠"卡片"——像纸牌一样垂直排列的卡片集合。每张卡片的正面都有简短描述，点击时可以获取卡片背面的详细信息，包括文件附件、任务列表、笔记和讨论。

在我的请求下，戴维什发给我一张看板的截屏图片，内容是他们正在执行的市场营销项目之一。其中包含了以下4叠卡片：

- "研究及笔记"
  这一叠卡片涉及与市场推广活动相关的背景信息。例如客户最近的来电和扩充客户邮件列表的一些想法。
- "待处理的工作"
  这一叠卡片都描述了一个项目里需要完成的步骤，但目前还没有处理。比如其中一张卡片上详细描述了新客好评需要添加到客户的网站上。
- "设计"和"实施"
  最后这两叠卡片描述了正在执行的项目进展。"设计"这叠卡片里是与设计相关的环节，而"实施"这一栏关注的是实践营销活动的步骤。不同的员工服务于这两个不同栏目，所以把他们分开是合理的。重要的是，当你点击每张卡片时，不仅能看到步骤的描述，还能看到当前的状态和活跃的评论区，员工可以在上面提问、解答问题，以及分工完成重要任务。有些卡片甚至有子任务清单，有些卡片用醒目的颜色在标题下面标记了截止日期。许多卡片都直接附上了相关文件。

戴维什的公司如今就基于这种工具来开展工作。如果你被分派到某一项目，那么你所有的工作，包括讨论、分工和查看相关文件都在对应的看板上协调完成，既不在电子邮件里，也不在即时通信软件的聊天框里。开展工作时，你只需要浏览项目的看板，按卡片的说明进行。完成项目的步骤后，卡片便可从"待处理的工作"转移到进行中的一栏里。当有新的想法出现或是客户提出了额外的要求时，就可以列在"研究及笔记"一栏。当出现问题或是有工作需要分派时，这些笔记便会附加到相关卡片背面的讨论下，每个项目参与者都能看到。

在此之前，每位员工的工作日都被自己的收件箱主宰着。早晨开始工作时，他们打开收件箱，一直回复消息，直到下班。在新工作流程中，每位员工围绕着项目看板开展工作，在看板上轮流更新。虽然电子邮件还在继续使用，但大都是非紧急的行政事务和私人的一对一会话，其重要性已经明显降低。现在员工们查看收件箱的频率可能只是每天一次或两次。

这种新的工作流程鼓励单一任务制。当戴维什公司的员工决定着手分派项目时，看板上的信息或讨论只和这个项目有关。这让员工得以专注于一个项目，直到准备好再去做下一个。对比使用电子邮件时，员工们必须无休止地来回切换不同的项目，即使是在同一封邮件里。这种认知状态不具备生产力，还会导致悲惨状况频发。

新工作流程的另一个优势是，它有条理地列出了所有的项目相关信息。戴维什的公司曾经依赖于过度活跃的群体思维，在那种工作流程下，各类信息凌乱又随意地发送到邮箱里，深埋在不同员工的收件箱中。相反,现在信息能够整洁地安排在指定栏中,相关文件和讨论也附加在有明确标记的卡片上,这是更高效的追踪工作进度的方法,可以有效计划下一步待办事宜。

当看到戴维什的看板时,我的反应就跟当年福特的竞争对手第一次在高地公园工厂里看到完整的组装流水线时一样:恍然大悟。我意识到原来这才是组织工作的更好的方法,戴维什也表示同意。他的雇员们现在似乎也更加快乐,因为电子邮件已经不再主宰他们的工作,也没有出现其他严重的抱怨或生产力下降。更加令人信服的是,戴维什也没有兴趣改回原来的工作方法。为了强调他的职业生涯发生了多么显著的变化,他发给我一张企业邮箱的截图。在此前的一整个月,他只参加了 8 个电子邮件的讨论,收发邮件的总数是 44 封。平均下来,每个工作日只收发略多于两条消息。"这真是天赐之福。"戴维什总结。

这种激进的工作流程革新描述起来容易,但往往难以实施。其中有许多障碍:从弄清楚你该把改变的精力放在哪里,到改变自己对不方便或者额外开销的看法,再到说服团队全员都接受这种改造。本章的剩余部分会探讨克服这些障碍的方法,帮助你在职业生涯里应用注意力资本原则。

建立自主结构

在第三章,我们讨论了一个关键问题:既然过度活跃的群体思维如此低效，为什么还如此普遍？颇具讽刺意味的是，我提供的大部分的答案都与彼得·德鲁克有关，正是他指出知识型工作者的生产力是 21 世纪的核心挑战。前文我们提到，在 20 世纪 50 年代和 60 年代，德鲁克让商业世界了解到，知识型工作已经是一个重要的经济领域。他最核心的思想之一就是自主的重要性。"知识型工作者无法受到密切的、面面俱到的监督。"他在 1967 年这样写道，"知识型工作者必须自己指挥自己。"[11]

德鲁克意识到，知识型工作需要很强的技巧性和创造性，无法像体力劳动一样分解成一系列重复的任务，由管理者分配给工人。提出新的商业策划或是创造全新的科学工业化程序这样的抽象工作，很难拆分为一系列不假思索就能照做的最佳步骤。

这种对自主的强调意义深远，而且也很好地解释了群体思维为何根深蒂固。当你把生产力决策下放给个人时，没有意外，结果就会陷入像过度活跃的群体思维这种简单灵活的、最小公分母式的工作流程。

此时我们陷入了僵局。一方面，在知识型工作领域，由于工作复杂，自主性是无法避免的。另一方面，自主性在群体思维式工作流程中的地位坚如磐石。想要成功践行注意力资本原则，必须想办法避开这个陷阱。为此，我们必须继续从德鲁克未完成的部分出发，明确真正需要自主的地方。

知识型工作可以理解为工作执行与工作流程二者的结合。工作执行描述的是创造价值的实际活动，例如程序员写代码、公关人员撰写新闻稿。这就是你从注意力资本中获得价值的方法。

第二个组成部分是工作流程，我曾在本书的序言部分给出了定义。它描述的是我们如何识别、分派、协调和评估这些基本活动。过度活跃的群体思维就是一种工作流程，戴维什的项目看板系统也是一种工作流程。如果是工作执行在创造价值，那么工作流程就是让这些努力能够结构化的办法。

一旦我们理解了这两个组成部分指的是两件不同的事，我们就能找到办法，避开自主性这一陷阱。当德鲁克在强调自主的重要性时，他思考的是工作执行，因为这些工作通常非常复杂，难以被分解为死记硬背的机械化程序。另一方面，工作流程不应该留给个人去摸索解决，因为最高效的系统不太可能自然形成。相反，我们需要把工作流程明确设定成组织运行过程中的一部分。

如果我在管理一个开发团队，我不应该告诉团队的程序员该怎么写具体的例程。相反，我应该充分考虑他们必须写出多少例程，这些任务该如何跟踪，我们该如何管理代码库，甚至还得考虑组织中有谁会打扰他们，等等。（关于软件开发的激进型工作流程，可以参阅第七章的极限编程案例分析。）

在戴维什的市场营销公司里，我们可以看见这二者的实际区别。戴维什把项目管理转移到了 Trello 看板中，但是这并没有限制团队实际执行的核心任务。戴维什真正改变的是支持这些任务的工作流程——包括如何跟踪项目信息、其他信息以及问题。他革新了工作流程，但是把具体的执行工作留给了更娴熟的员工。在后续的章节中，你会在很多个案研究中看到类似区分。

公平地说，我们不能责备德鲁克在研究知识型工作时没有区分工作执行和工作流程。在 20 世纪 50 年代和 60 年代，当德鲁克第一次研究这个议题时，任何雇员自主概念听上去都是如此激进，并无更多余地来纠正其间的细微差别。在工业领域创造奇迹般增长的威权方法，可能不适用于这种以大脑为中心的新型活动——光是说服人们相信这一点，就已经足够困难了。

德鲁克成功向持怀疑态度的受众宣讲了自主的福音，而如今投身于知识型工作领域的我们就是这种先见之明的受益者。不过，我们可不能就此打住。想要实现注意力资本原则的伟大承诺，我们必须站在德鲁克的肩膀上，把这些理论推进到更复杂的下一阶段。如果我们想继续提升知识型工作领域的生产力，那么区分工作流程和工作执行是至关重要的。想要充分获取注意力资本的价值，我们必须认真对待自己组织工作的方法。这不是打压知识型工作者的自主权，而是希望他们的技能和创意创造更多的价值。

减少背景切换和过载

20世纪初,亨利·福特开始试验用更好的方法来制造汽车。而一个世纪之后,戴维什开始尝试用更好的方法来服务市场营销的客户。综观二者的努力,我们必须承认,福特占据了优势。在制造汽车时,一种流程优于另一种的标准非常明确:速度。"快比慢好"的设计原则驱使福特改革,也让他把低端制造程序的进步与最终的财务数据直接联系在一起。但是到了知识型工作领域,这种等式变得模糊了。当你试图调整工作流程,想从注意力资本中获得更好的回报时,你需要注意什么?在知识型工作中,等同于速度的要素是什么?

要回答这个问题,我们可以基于第一部分的洞见,即过度活跃的群体思维引发的工作流程问题。在前几个章节我提出,把你的注意力从一个目标跳转到另一个目标需要付出高昂的认知代价。凡是需要你无休止地查看收件箱或是聊天对话的工作流程,都必然会导致大脑产出的质量降低。我还提出了通信过载(自己的时间和注意力永远也跟不上涌过来的不同请求)和我们古老大脑的社交方式相互冲突,导致短期的郁郁寡欢和长期的心力交瘁。

根据这些观察,我建议按以下设计原则来改进工作方法,这样你个人或组织的注意力资本就能收获更好的回报:(1)设法将任务进行时的背景切换次数降到最低;(2)寻找将信息过载最小化的工作流程。这两个特性对于知识型工作来说就好比亨利·福特对速度的执着。

让我们先从第一个特性开始。任务进行中的背景切换是指你必须停下一项独立的任务，把你的注意力转移到另一件完全无关的事情上，然后再回到你原本的注意力目标上。这种切换的典型例子就是你需要不停地查看收件箱或是即时通信软件来跟上那些与手头任务无关的冗长对话。不过，这种切换也可以是真人版的。比如，在开放的办公室环境下，可能有不同的人带着问题来到你的工位上，频频打断你的工作；如果你采用的工作流程需要不停地开会，情况也是一样的——你的时间被分割成细小碎片，很难从头到尾完成任务。

不管这些打扰的来源到底是什么，当你在利用大脑生产价值时，越是能一次完成一件事，即在开始下一个任务之前坚持做完这项任务，你的工作就越有效率和效果。这条原则适用于许多不同类型的知识型工作，不管是深度思考、管理，还是支持型工作。运用人类大脑的最佳方式就是按顺序来。

而第二个特性则是试图减少"每个人都需要你"的认知负担。在其他条件都相同的情况下，能把无休止的紧急通信降低到最少的工作流程肯定比放大它的工作流程要好。当你晚上待在家里、周末休息或是度假时，你不应该觉得自己离开工作的每一刻都是在累积"沟通债务"。在过度活跃的群体思维时代，我们习惯于这种苦恼，认定这是高科技世界的必然结果，但这纯属无稽之谈。更好的工作流程可以控制这种超负荷的感觉，不仅可以让你更加快乐，还能提升效率，降低因长时间工作而导致身心俱疲的可能性。

戴维什的案例已经将这些设计原则付诸实践。戴维什采用的以看板为基础的新工作流程剔除了任务之间的背景切换。现在，项目的沟通只会发生在你决定登录看板和查看卡片的时候。再也不会发生使用收件箱时的状况了，即当你正忙于一个项目的时候收到另一个项目的信息。戴维什称之为"反转"：你自己决定什么时候沟通某个项目，而不是让项目替你决定。

戴维什的新工作流程也将沟通过载降到了最低。当互动迁移到项目下面的卡片后，沟通逐渐累积的感觉也随之减弱。当你决定访问一个特定项目的看板时，你才会加入相关的对话。余下时间不再有指名道姓的、不耐烦的请求和通知逐渐塞满你的收件箱。

将背景切换和沟通过载减到最低限度，只是设计更好的工作流程的一部分。这一原则只是在短期内指导你的试验，从长期来看，你必须继续监测重要的财务指标：你创造的有价值产品的数量和质量。对于一个知识型工作领域的组织来说，这意味着追踪新工作流程对于收入的影响；而对于知识型工作者个人，可能是达到某个目标或完成项目的速度。

看着这些数字随时间推移而增长，你会从中获得信心，继续坚持新的工作方式。同样重要的是，如果你对工作流程的改革导致这些数据下降，也有清晰的证据显示你做过头了，知道自己无意中阻碍了获得成功的关键活动。重要的是，既要找到能尽量降低背景切换和沟通过载的方法，同时还要做好该做的事。

别害怕不方便

当我向其他知识型工作者讲述戴维什的故事时，他们提出了自己的顾虑，这也在我的预料之中。当他们想象所在组织的工作流程从过度活跃的群体思维转向更有条理的工作流程时（比如戴维什基于看板的项目工作流程），他们很容易就意识到一个潜在的问题。如果无法在任何时间、用任何事抓住人们的注意力，这可能会导致错过截止日期，紧急的任务无法完成或者等待答案太久，导致重要的项目停滞不前。换句话说，抛弃过度活跃的群体思维具有的简单性，或许会带来一连串的不便。

这种反对的声音很重要，它和实践注意力资本原则的大部分尝试密切相关。正如我们之前提出的，过度活跃的群体思维之所以能在知识型工作领域根深蒂固，一个重要的原因是对于使用者来说，当下真的方便。不用学习任何系统，也不用牢记任何规则，你要做的再简单不过了——只要通过网络找到想找的人就行了。几乎任何工作流程都不如它方便，因为其他的工作流程都需要付出更多努力，并且会带来短期问题，例如任务延迟或者偶尔出现长时间的答复延迟。这一事实可以解释为什么许多改革运动最终都偃旗息鼓，只剩下小修小补，例如推行更好的"沟通礼仪"。这些没用的建议能让所有人都不必面对改变过度活跃的群体思维的困难。

想象一下，你要对自己或所在组织的工作流程做出重大改变。如何才能避免试验带来的诸多不便呢？无法避免。相反，你必须调整自己的心态，好让自己不再惧怕这些困扰。我们不妨回到工业领域（一个普遍接受了不方便的领域），设想一下，在1908年到1914年，正在进行激进试验的亨利·福特的高地公园工厂里是怎样一番情形。最初福特制造汽车的方法完全合理。福特沿用了数十年来都在使用的工艺方法，让工人们站在静止的汽车周围，安装和修磨零件，还得来来回回往机械车间里搬运补给品。这种制造汽车的方法就是通常人们制作复杂物品的自然方式：在同一地点，每次做一件。

相比之下，早期的组装流水线必然是工人们的噩梦。流水线上没有一样东西是自然的。首先，这种组装流水线需要复杂的机械装置，而这种装置很容易损坏。此前，工人从一堆保险杠里拿上一根，再带到静止的汽车前，这是个简单又可靠的流程。如今，要把整个车架放在可变速的绞盘系统上，再向着工人移动，当车架经过工人身边时，他们把保险杠装上去，这种方法要复杂得多。

接下来是定制工具。实现持续生产的部分原因在于有快速完成精确任务的专门工具。比如，福特就曾发明了一个钻孔机器，可以同时在发动机机体上钻 45 个孔。[12] 但是定制工具的问题在于难以连续工作。我们可以合理地猜测，在最开始的几年里，高地公园工厂肯定经历过多次令人心灰意冷的停工期，需要调整和维修这些笨重的机器。

组装流水线的另一个恼人事实是：流程中任何一个阶段的问题（某个安装步骤花了太长时间，或者某个零件没有按时就位）都会导致整体生产停滞不前。在早期的流水线上，各种小毛病肯定少不了，这种停摆肯定很常见。设想一下，从原来稳定的工艺方法转向一种迫使你一次又一次彻底停工的流程，挫败感一定会油然而生。更糟糕的是，组装流水线还需要更多的经理和工程师来监督。这已经不光是恼人的问题了，运营成本也更高了！

综上所述，亨利·福特曾经有一种可靠又简便的流程来制造汽车，但他却选择用一种运营成本更高、需要更多管理和费用的方法来取而代之，而且这种方法完全不自然，经常停摆，有时还会导致大规模的生产延期。这一切都困难重重，难以被人理解。如果那时你是福特的经理人、员工或是投资者，你很有可能选择一种更安全、破坏性更低且久经考验的方法，再轻微调整以提高效率——这就等同于在知识型工作领域推广更好的电子邮件礼仪。

当然，我们现在意识到，这些顾虑纯属误判，因为组装流水线让福特汽车公司成为全世界最大、最赚钱的公司之一。在工业生产的背景下，我们欣然接受了这些故事，因为我们会认为工厂的合理目标既不是方便、简单,也不是防止坏事偶尔发生——而是尽可能用最有成本效益的方法来生产产品。

事实上,如果你读过 20 世纪的管理学文献便会发现,这种利用自身能力增加复杂性来提升效率的想法备受称赞。彼得·德鲁克在 1959 年出版的著作《已经发生的未来》(Landmarks of Tomorrow)中,就赞美了研究者和工程师所做的"稳步改进、接纳和应用"——让公司能生产出改良产品,并且速度比以往任何时候都快。[13] 同样,詹姆斯·麦凯(James McCay)在 1959 年出版的经典商业著作《时间管理》(The Management of Time)中指出,现代世界中的领导力必须要不断试验完成工作的新方式,同时坚定地处理好由此带来的复杂问题:

> 随着发明革新的速度不断加快,能够处理好由此带来的复杂问题的人,才是真正的人才……他的原创性无与伦比。他严于律己,不断地学习新知识和新技术。他创造出新的生产概念、市场概念和财务方法。[14]

在现代知识型工作领域,我们大多已失去了勇往直前的态度,也不再将困难视作提升业务水平的代价。我们还是把"创新"挂在嘴边,但是这个词几乎只限定于提供的产品和服务本身,而不再指代生产产品和服务的方式。在提到后者时,商业思想家也往往倾向于关注一些次要因素,比如以更强的领导力或是更清晰的目标来刺激生产力发展，但工作分派、执行和评估的实际机制几乎无人问津。

关注次要因素并不是因为知识型工作的领导者们畏缩怯懦。相反，这很可能是前文讨论的自主陷阱的后果。由知识型工作者个人自行决定工作的细节，这在只图方便的工作流程中根深蒂固，也是自然的结果。不过一旦我们能摆脱这一陷阱，并开始系统性地思考工作方式，便能迈向长期的进步，尽管途中难免会有短期的不便。我希望通过介绍工业历史来强调这一点：我们不必惧怕这些不便。在商业领域，简单不等于做得好，便利也不等于成果。知识型工作者在内心深处希望能充分利用自己来之不易的技能，产出重要的成果，即使这意味着他们的信息不能得到快速回复。

题外话：组装流水线对工人来说不糟糕吗？

当我还在构思本书的早期阶段，我参加了一场家族婚礼。在彩排晚宴中，我开始与一位亲戚聊天。他想了解我目前的工作，所以我和他说了这本书的内容，并且说了一下我将革新流水线类比重新思考知识型工作的想法。我一字不落地记得他的反应："这听起来很糟糕。"

把组装流水线当作"正面例子"的问题在于，真正在流水线上工作的经历根本不"正面"。正如历史学家乔舒亚·弗里曼（Joshua

Freeman）在 2019 年出版的《巨兽》（*Behemoth*）一书中指出的，当提到组装流水线提高了生产力时，我们过于关注原材料的高效处理。相反，生产力的大幅提高很大程度上依靠"纯粹的高强度工作"。[15] 如果工人稍有疏忽，哪怕只是片刻的走神，整条流水线都可能会停摆——这迫使工人们陷入无聊与持续保持专注相结合的非自然状态。泰勒曾经用秒表来衡量工人的表现，并且给速度快的工人提供奖励。福特则直接绕过了泰勒的方法，让工人们想慢都不可能。"对于组装流水线上的工人来说，工作是无休止的重复。"弗里曼写道，"组装流水线的工作比其他任何工种带来的身心消耗都要大。而且流水线工人比以往任何时候都更像是机械的延伸，任由机械的需求和节奏来摆布。"[16]

1936 年，查理·卓别林（Charlie Chaplin）用他里程碑式的电影《摩登时代》（*Modern Times*）讽刺了这一残酷现实，他扮演的小流浪汉试图跟上越来越快的组装流水线。在剧中，卓别林挥舞着两把大号扳手，给每个经过自己面前的工件拧上螺母。工头加快了流水线的速度，卓别林的动作也更加疯狂，最终他趴在传送带上，徒劳地想跟上"嗖嗖"经过的工件。接着他被传送带送进斜槽，最后卷入了工厂的巨大齿轮中。在参观了亨利·福特的一家工厂后，卓别林很快就创作出了这部电影。[17]

人们普遍认为组装流水线的工作泯灭人性，因此导致了我那位亲戚的负面反应。他想象的知识型工作的未来就是我们最终进入了数字时代版的《摩登时代》，曾经疯狂拧螺母的扳手变成疯狂打字，结局依然是被生产力的机械碾压。对于注意力资本原则有这种顾虑也是自然的。但是，一旦了解实践这一原则的案例，就会发现我们担心的做苦工的情况并未发生。回想一下戴维什的市场营销公司。他们把工作从塞满的收件箱转到更有条理的项目看板上，并不是转向了单调乏味的机械式工作，不如说正好相反。戴维什引入新的工作流程后，员工们发现自己的职业生涯不再令人身心俱疲，更加可持续化，这与福特引入流水线的结果大相径庭。

正如你即将在第二部分看到的其他案例一样，改变工作流程会带来益处，这是一个规律而非例外。我使用亨利·福特作为例子，并不是强调制造汽车方法的有效性，因为组装磁电机和设计市场营销策略之间没有多少有用的联系。相反，我想强调的是改变资源配置方法的力量，尽管这一过程在工业领域和知识型工作领域截然不同。正如彼得·德鲁克指出的那样，在知识型工作中，你必须保证技巧娴熟的员工在工作时能充分自主。而注意力资本原则需要转变工作流程，从而让工作的分配和评估都更有条理。改变的目的是知识型工作者能更简单且可持续地完成真正重要的事，而不是胁迫他们更快地完成更多的工作——从长远来看，在处理高认知需求的工作时，这种策略不太可能成功。

当亨利·福特重新思考如何利用工厂现有的设备生产更多产品时，他选择了激进的方法。知识型工作领域的领导者也需要选择激进的方法，利用人类大脑获得更多价值。但是，这种类比需要就此打住。在福特的世界里，工人其实是可有可无的，而在知识型工作的世界里，我们的大脑是所有价值的来源。过度活跃的群体思维已经让我们陷入了数字时代版的《摩登时代》，徒劳无功地想跟上越来越快地涌入收件箱的信息，而注意力资本原则可以帮助我们脱离苦海。

在做出改变时，去寻求伙伴而非寻求谅解

1984 年末，35 岁的萨姆·卡彭特（Sam Carpenter）买下了一家经营不善的电话答录服务公司。[18]这家公司有 7 名员工和 140 位客户。萨姆为这次收购花了 21000 美元，他勇敢地对自己认识的每个人宣布："我们有一天会成为美国最好的电话服务供应商。"在萨姆·卡彭特 2008 年出版的《用系统来工作》（Work the System）一书中，他苦涩地总结道："事情的发展不如预期。"[19]

原来，电话服务这门生意是很复杂的。客户持续不断地打来电话，每通电话都代表一个全新的问题类型，从医疗急诊到紧急的公司事务，每个打电话的人都会提出自己的诉求。跟许多小企业老板一样，萨姆·卡彭特发现自己的生活变成了"杂乱无章的噩梦"：他每周都要工作 80 个小时，无休止地到处灭火；他失去了自己的房子和车；他在自己的办公室里装了上下铺，让两个还在青春期的孩子睡在办公室里。有一段时间，卡彭特自己是午夜到早晨 8 点之间公司唯一的接线员，接着他又从早晨 8 点工作

到下午 5 点，处理公司的各种行政细节工作。[20]

当然，其中任何一种做法都是不可持续的。就这样工作了 15 年后，卡彭特几近崩溃。然而崩溃的不仅是他的身体，还有财务。就像这类商界回忆录里经常出现的情节一样，此时的卡彭特有了"惊天动地"的洞见，他意识到自己的生意几乎已是穷途末路，于是决心试验全新的方法，放手一搏。一种思维模式启发了他：他感到自己的公司就像一台机械设备，这台设备由很多协作的集合组成，运转的方式也是可以预见的。危机持续不断，巨大的行政工作量足以将他淹没。这些问题并非不可避免，也不是偶然出现的结果，而是公司运行系统的缺陷带来的恶果。如果他可以明确写出系统中每一部分的工作方式，再优化出现问题的地方，就能让组织流畅运转，无须自己时时刻刻亲力亲为。

卡彭特列出了一份清单，涵盖了公司的所有事务，跟同事一起研究了每项事务对应的系统。卡彭特决定首先从财务方面入手。以前他每周都会花上大把时间支付账单和兑现支票，还得经常跑银行——这些是压力的主要来源。他摆脱了这种混乱局面，用一个更加有条理的系统来追踪公司的开销和资金，并且授权员工代表自己去银行办业务。从前每个星期要花几个小时的事务如今缩短到签支票的一小会儿。卡彭特认为，尽管签支票也能自动化完成，但是他决定不这么做，因为他想对公司开销有实际的了解。另一个提升客户服务效率的新系统是为员工提供清晰的指导，由员工直接处理绝大部分的问题，无须卡彭特介入。呼叫中心接线员的基本操作流程编写成了严格的规范，保证服务更有持续性（需要卡彭特出面解决的接线员工作表现问题也减少了），甚至新入职员工的培训也都大部分自动化了，大幅减少了人事变动带来的复杂问题。

"这样做的逻辑流畅清楚，精确且完美。"他这样写道，"我体会到了从未有过的平静和快乐。直到现在，我依然记得。"[21] 卡彭特的乐观主义是有理有据的。当他将优化后的有条理的系统作为重建公司的基础时，公司的利润第一次实现了增长。"我个人的收入……这么说吧，比我需要的要多。"卡彭特在自己的网站上写道。更重要的是，他的工作时长从每周 80 小时变成了甚至小于两小时。从一些统计指标来看，卡彭特的公司甚至实现了他最初的豪言壮语，在美国 1500 家电话服务公司中坐上了头把交椅。[22]

萨姆·卡彭特经营的并不是知识型工作组织，因此我们不必过于关注他推行的新系统的细节。我提到他是因为一项更大的成就：他让员工的工作方式发生了剧变。本书的后续章节将介绍如何彻底反思工作流程，将注意力资本原则付诸实践。在大多数情况下，这些变化不仅会影响你的职业生涯，还会继续扩展，影响其他人的日常体验——也许是你的雇员、同事或是客户。这也会带来一些棘手的问题，所以在讨论具体怎么做之前，我们要先探讨应该怎样坚持下去，而卡彭特的经验有助于实现这个目标。

有两种应用注意力资本原则的方式会影响与你一起工作的人。第一种方式是改变工作流程，让人们不得不改变执行工作的方式。举个例子，戴维什把自己公司的工作流程从电子邮件改成了项目看板，就是第一种方法。现在他的员工需要登录项目看板，点击卡片才能沟通相关项目，而不是依靠邮件往来。

第二种方式是影响其他人对你的期待值。这种方法适用于你对自身的工作流程进行升级时。举个例子，如果你大幅度转变了工作方式，现在每天只查看邮箱两次，那么同事对你快速回复邮件的期待值必然会改变。

我们先从第一种方式带来的影响入手，因为它处理起来更困难，这也是我们从萨姆·卡彭特的案例中最能体会到的。卡彭特在书中提到的重要洞察之一就是新的工作程序会影响谁，就请谁参与设计这套新程序。在他的公司生效的工作流程中，98%是由员工编写的，只有剩下的2%是卡彭特自己编写的。员工们"高度参与"，在制定流程的过程中得到了充分授权。或许更重要的是，卡彭特让员工能够轻松参与更深入的改革。"如果一位员工有改良某个流程的好想法，我们马上就开始修改——不会有官僚主义的拖延。"卡彭特解释。[23] 他严肃对待员工们的参与，以至于要求客服代表要提交至少12条改良建议才能获得年度绩效奖金。

在人格心理学的控制点理论下，卡彭特的方法是合理的。这一理论认为，行动的动力与人们能否感受到可以掌控行动的成功结果紧密相关。比起你觉得自己的行动大多受外部力量控制（控制点在外部），当你对自己正在做的事有发言权（控制点在内部）时，你会更有动力。

如果你反对卡彭特的模式，用命令要求团队采用全新的工作流程，就会出现问题。不管新工作流程有什么益处，你都可能无意中将团队的控制点从内部转移到了外部，削弱了员工的动力，导致变革很可能无法实现。反过来，如果你的团队成员参与制定新的工作流程，并且可以在发现缺陷时加以改正，控制点就还在内部，这种新的工作流程就更有可能被接受。

对员工的自主性没有要求的岗位则不太适用这一方法。举个例子，因为专制而闻名的亨利·福特觉得没有必要请工人们参与讨论流水线的优势与劣势。这也解释了为什么新兵训练营会成功，这是外部因素控制的典型——其目的是为志愿军队快速培养合格的军人，而入伍的新兵也相信久经考验的系统能够把他们培养成部队需要的人。我们已经知道，在彼得·德鲁克提出前瞻性的理论后，知识型工作就一直被定义为大量的自主活动，也就不可避免地适用控制点理论：如果不让使用工作流程的人参与其中，想彻底改变工作流程根本就是纸上谈兵。

想要人们参与试验，必不可少的步骤有3个。第一步是教育。让你的团队理解工作流程与工作执行的区别，这一点很重要。还要理解过度活跃的群体思维只是众多工作流程中的一种，可能也并不是一种好的工作流程。对许多知识型工作者来说，电子邮件已经等同于工作了，所以必须先打破这种误解，才能破除他们依赖的群体思维。

第二步是让实际执行工作流程的人接受新流程。想要实现这一目标，应该通过讨论来产生新的想法。新工作流程是值得尝试的，这是总体上的共识。接下来，按照卡彭特的指导，新工作流程的细节要一清二楚，才能在执行时没有任何疑问。

第三步是为改进新工作流程设计简便易行的方法，当出现问题时，可以快速应对。给团队充分的授权，让他们自行改进不足之处，也许没有比这更好的、让控制点维持在内部的办法了。你可能会感到意外，在实践中真正提出的改进建议很少，但真正重要的是能够改进的能力，因为它提供了一种心理上的紧急安全阀，可以解决你的担忧，避免工作卡在意外出现的难点或无法完成。

即便摆脱了过度活跃的群体思维所带来的频繁沟通，设定一个紧急预备系统也是有必要的，因为新的工作流程可能会忽略一些紧急问题。想实现真正的预备，但又不会轻易回到过度活跃的群体思维，我们必须要有足够的沟通阻力——除非事态足够紧急，否则不能使用。典型的例子是使用电话作为应急预案：如果发生了迫在眉睫的紧急事件，但标准工作流程无法及时处理，这时同事也可以拨打你的手机。紧急预备系统会为我们提供内心的平静——在发现和修正新工作流程的缺陷之前,不会发生让你猝不及防的、过于糟糕的事情。

■ ■ ■

现在,让我们把视线转向应用注意力资本原则的另一种影响:改变他人对你行为的期待。我们在上文解释过,当你改变自己的工作流程,远离过度活跃的群体思维带来的信息往复时,你的同事和客户很可能直观地感受到这些变化,最明显的就是你不再随时回复他们的电子邮件或是即时通信信息。换句话说,其他人在跟你共事时需要转变自己的期待值。

这种对个人工作流程的彻底改造通常需要你向同事们解释,不仅要讲解新的流程,可能还得用无懈可击的逻辑来解释为何要改变。一个著名案例是蒂莫西·费里斯(Timothy Ferriss)在 2007 年出版的畅销书《每周工作 4 小时》(*The 4-Hour Workweek*)中列举的邮件自动回复:[24]

您好,朋友(或尊敬的同事):

由于本人工作负荷过高,现在每天只回复两次邮件,时间分别是美国东部时间中午 12 点(或是你所在的其他时区)和下午 4 点。

如果您急需帮助(请确保足够紧急),无法等到中午 12

点或是下午 4 点,请拨打我的手机 555-555-5555。

感谢您理解我提升效率和效益的做法。这种做法能让我完成更多工作,从而更好地为您提供服务。

谨致问候。

(你的名字)

在费里斯这本畅销书的影响下,那几年里全世界有数以万计的知识型工作者会从他们的"生活黑客"同事那里,收到上述自动回复的不同版本。从理性角度来看,这种策略完全合理:它重新设定了期待值,这样你的联系人就不会着急到底何时才能收到你的回复,而且也提供了无懈可击的解释,简明扼要,难以反驳。这也是许多人第一次知道这个方法时兴奋不已的原因。不过,这种自动回复可能会让收件人非常不爽。

我们很难确定自动回复到底哪里惹恼了人们——也许是例行公事般的、冷冰冰的措辞,也许是很容易让人想象出居高临下的傲慢姿态,也有可能是自动回复的编写者暗含想矫正发信人不良工作习惯的意图。不管具体原因到底是什么,费里斯的拥护者们发现,这种特别的方法并不如他们预想的那样有效。据说现在选择这种自动回复的人已经越来越少了。这个想法是好的,但碰到现实世界的阻力后就降级了。

这个案例给我们的教训是,在你公布要改变工作习惯时,必须要注意方式方法。多年以来,我一直在观察人们对抗或者试图改变自己依赖过度活跃的群体思维的习惯,我自己也多次尝试过改变。我发现这些试验最好安静、低调地执行,不要与他人分享你的新工作方法的细节,除非有人发自内心感到好奇,特地来问你。甚至,在改变他人对你的期待时也要小心,类似"我通常上午 10 点以前不会看邮件""我每天查看邮箱的次数有限"之类的表述会给心存疑虑的同事、客户或者老板提供"硬边界",让他们可以轻而易举地摧毁它。("如果我需要你在那个时间之前提供紧急回复呢?不……我完全不喜欢这一套,我觉得你应该更好地管理自己的信息。")同理,如果你养成了请求原谅的习惯(这也是常听到的建议),你周围的人就会习惯性地认为你的工作策略肯定有问题,不然你为什么总是道歉?

想要转变他人对你的期待值,一个更好的策略就是始终保持言而有信,而不是一直解释自己的工作方式。成为一个"从不掉链子"的人,而不是只顾个人生产力的人。如果请求出现了,不管是电子邮件或是走廊里的聊天,一定要确保响应了请求。不要遗漏了该做的事情,如果你已经答应在某个时间之前完成某项工作,务必要按时提交,或者解释你为什么要更改期限。如果人们信任你能处理好他们交给你的工作,那么他们通常也不会要求你马上就回复。换句话说,如果你平时就丢三落四、遗漏工作,那么其他人就需要你更快速地回应,因为他们觉得必须要盯着,你才能把事情干完。商业书籍作者亚当·格兰特(Adam Grant)教授使用"特征信用"一词来形容这种现实情况。[25] 他解释,你的工作完成得越好，就越能在完成工作的方式上获得更多自由，无须解释。

改变个人工作流程还需要关注系统界面。如果你采用了更先进的流程系统，那么你必须知道如何让那些习惯快速抓取你注意力的人改用更有条理的系统来跟你互动。

关于这一问题，我们可以从 IT 技术支持领域借鉴经验。前文曾经讨论过，数十年前，IT 技术支持人员开始在内部使用工单系统处理需要解决的技术问题。这些系统会给每个问题生成一张单独的工单。关于这个问题的所有对话和备注都会附加在这张工单上，在查看时一目了然。

IT 专家们很快发现，要求报修者直接在工单系统的界面填报实在是徒劳，例如请他们登录一个专门网站创建并自己跟踪工单。理论上这可能是处理这类问题的最有效率的方式，但真实情况是大多数人都不愿意付出额外的精力。解决这一问题的方案是创建一个无缝界面。许多公司的 IT 部门都采用了这种设置，用一种更自然的方式提交问题：给一个综合功能的邮箱发邮件，比如 support@ 公司名称 .com。大部分工单系统都能直接接收这样的邮件，随后再转换为工单，放入一个虚拟收件箱等候处理。当 IT 技术支持人员处理这张工单时，这一系统就能自动发送邮件，向报修者反馈更新。与 IT 技术支持部门互动的人可以对工单系统一无所知，他们只需要简单地发出一封邮件，随后就能收到进度反馈的邮件，但在内部其实运行着更有条理的工作流程。

这些经验可以用在你组织自己的工作流程上。不必要求与你共事的人学习你的新系统，或者改变他们原本与你互动的方式。相反，尽可能采用一个无缝界面。关于这一点，我最近的经验或许可以帮上你。就在我撰写这本书的时候，我正好轮值乔治城大学计算机科学系研究生部的主任。这项工作的职责之一就是领导研究生委员会监督研究生项目，还包括政策方面的变动批准以及答疑解惑。

你可以想象，这一职务肯定有大量问题等着我处理。我借鉴了戴维什的经验，设立了一个 Trello 看板，帮助自己梳理这些请求。我的看板上有以下栏目：

- 等候处理
- 等候处理（有时效性要求）
- 下次在研究生委员会的会议上讨论
- 下次与系主任开会讨论
- 等候某人答复
- 本周要处理

当某人给我发邮件或是要来办公室讨论研究生项目时，我会立刻把这件事写成一张卡片，再把卡片放置在看板里适用的栏目下。

每周开始时，我会查看这个看板，把卡片移动到适当位置：

我会决定本周要做的工作，开会时要讨论的内容或跟进等待他人反馈的内容。我的整体原则是：当我把一张卡片移动到新的栏目下时，我会给提这个需求的人发一封邮件。比如，如果我把某事从等候处理一栏移动到了下次在研究生委员会的会议上讨论一栏，我会发邮件通知相关人员，告诉他们这件事很快就会在会上讨论；当我完成了某项任务时，我会将某张卡片从看板上移除，也会让相关人员知晓最终的解决方案。以此类推。

这个系统的关键是系里的教授和研究生们毫不知情。假设我让他们全都登录看板，输入新的问题或是查看进度，虽然理论上我可以少发点邮件，但实际上没有人会这样做——这一点我也并不能责备他们。每周我大概要花 30 分钟处理自己的看板并发送通知邮件。把所有事务安排得清晰明了、井井有条，这让我受益匪浅，多花一点时间来完善无缝界面也能让我的同事们受益。

■　■　■

乍看之下，我面向组织和个人提出的建议似乎是相悖的。针对前者我强调用清晰的沟通代替过度活跃的群体思维，后者我建议你在做出改变时尽量保密。不过仔细想想就会发现，这二者都是基于相同的原则：人们不喜欢自己无法掌控的变化。

在修改整个团队或组织的工作流程时，需要让每个人都能参与并且感到有能力去优化流程。正如前文讨论的，这种参与会让成员们觉得控制点在内部,激发大家去坚持这些改革。相反,当你在改变自己的工作流程时,你决定的事,与你共事的人无从置喙。如果他们要面对一个影响自己的新系统,但是又无法提出意见,那么他们就会觉得控制点转移到了外部,不仅会怒火中烧,还会试图抗拒,以便重新获得一定的控制权。他们不会为聪明的自动回复喝彩,相反会想办法破解这些施加在自己身上的限制。

也许其中的心理活动有点微妙,但如果你希望让自己的注意力资本最大化,那么熟练掌握这一点就十分重要。工作不是简单地把事情做完,而是一群个性不同的人在混乱中试图找到成功合作的方法。之后的 3 个章节会关注高效工作流程的具体策略。不过,如果你不能娴熟掌握实践的窍门,那么这些方法的价值就会大打折扣。

第五章

过程原则

过程的力量

在撰写本书的早期阶段,我曾在乔治城大学的劳因格图书馆里浏览一个无人问津的书架,书架上的书关乎工业工程的细节。我在其中发现了一套现在已经停刊的《系统》(*System*)杂志。《系统》出版于20世纪初期,致力于介绍全新的科学管理方法。杂志里的文章几乎都在为"系统地完成工作"摇旗呐喊:当工业组织开始系统思考时,就能赚到更多的钱。这些文章很快就暴露出"无人问津"的原因:现代的读者对这些内容已经毫无兴趣。那个时期的科学管理似乎就是填各种一式三联的表格。《系统》杂志酷爱表格,在这本杂志里,你能发现各类表格的插图,还能学到如何设计表格的颜色、如何打孔,甚至还能了解到对收纳表格的文件夹材质也有要求(最好是马尼拉纸)。[1]

不过1916年《系统》杂志里的一个案例引起了我的兴趣。

案例的主题可谓老生常谈，简直可以登上讽刺漫画：普尔曼火车车厢公司（下称普尔曼公司）在芝加哥以南约23千米的卡卢梅特湖有一座大规模工厂，要如何提高这座工厂里铜制品的生产效率？这篇报道是在普尔曼公司主席约翰·伦内尔斯（John Runnells）的授意下完成的，报道中这家公司的现代化程度令人惊诧。普尔曼公司有33个部门，大多数部门都以铜制品作为核心组件，因此，铜制品铸造厂里的机器和大约350名工人一刻也不得闲。而普尔曼公司在处理问题时压根没有系统，只有一堆乱糟糟的"敷衍了事的方法"。[2]

铜制品铸造部门只有7名经理，但要处理源源不断的生产需求，这些经理当然忙得喘不过气来。这样的结果就是每个人都不得不以非正式的方式管理工作。"车间里总有工人得牺牲自己的一部分时间来帮助这7名经理。"文章写道，"所有计划都是随便安排一下，而每个帮忙的工人却因为这种打扰影响了本职工作。"这篇文章还详细描述了这样的情景：工厂里其他部门的工人出现在铜制品铸造部门，"骚扰"自己认识的工人，而前者一天里的大部分时间就是等在铜制品铸造部门，直至拿到自己需要的部件。这种情况已经成了家常便饭。

换句话说，在20世纪的头十年，普尔曼公司的铜制品铸造部门差不多已经陷入了过度活跃的群体思维。不过，跟如今经历着类似情况的知识型工作组织相比，普尔曼公司的领导者们沉浸于科学管理的兴奋，用激进方法推进了试验。

为了让铜制品铸造部门提高效率，普尔曼公司的管理团队做了一个反常的举动：他们把流程变得更加复杂了。如果你需要某种铜制品，必须填写一个正式的表格，把所有信息都填写清楚。为了防止员工绕过填表，重新回到图省事的、私下打扰工人的做法，他们甚至锁上了工厂的门窗。工人们别无选择，只能使用新的"正规渠道"。

一旦有人通过投信口提交了申请表，接着就是一套严格的流程。一位专门的办事人员会提出合理的计划来完成这项工作，包括需要什么原材料以及完工所需要的工时。这份计划的细节随后会发到各个部门，确保按期完工。流程变得复杂，但是也很有意思。利用大量办事人员，普尔曼公司的铜制品事业部似乎在重复我们现在在电脑程序上点击一下就能立刻完成的任务——他们好像在实践一种蒸汽朋克式的 IT 系统，包括每一步的指示以及在办公桌之间流转的无穷无尽的表格，就像是现代网络中的数据包。他们甚至自己定制了硬件，我最喜欢的一个例子就是"模拟电子表格系统"，它其实是一块大木板，划分出许多格子，上面挂着铜制的标签作为标记，这样生产计划人员就能快速"对照索引"，了解目前工人分派工作的具体情况。

为了贯彻这种更有条理性的工作流程，伦内尔斯必须增加开支。原来只有 7 名经理负责管理 350 名铜制品加工人员，现在管理者的数量增加到 47 名。这篇文章承认,"支出大幅增加了"。每位新上任的经理每年可以赚 1000 美元左右,这让部门的薪资成本显著提升。"但这值得吗?"文章问道,"当然值得。"新流程让每节火车车厢的生产成本降低了 100 美元,不仅弥补了额外支出,还创造了"巨额利润"。

这篇文章显示了额外支出能提升利润的原因。原来的工作流程(也就是压根没有任何流程)需要生产最宝贵产品的 350 名工人不断在非正式管理流程和实际工作之间来回拉扯。这种让人泄气的双重责任让工人在加工过程中的效率骤减,部门从一线工人身上获得的回报也减少了。

当工作流程重新调整,变得更有条理之后,员工的双重责任也大幅减轻。在同样的时间内,同一拨工人能够产出更多的铜制品。"过去根本没有任何工作方法,更不可能改进标准。"这篇文章总结道,"但是系统化立即提升了质量,工人们更加专注,产品就是成果。"

在 20 世纪的头十年,像约翰·伦内尔斯这样的工业生产力黑客们发现了效率不光是生产某种产品的实际行动,同样重要的是如何协调这项工作。换句话说,普尔曼公司铜制品部门的问题不是工人们不擅长铸造和抛光铜制零件,而是该如何分配和组织工作。

这种新想法花了一段时间才在工业界站稳脚跟。19 世纪 90 年代,科学管理革命之父弗雷德里克·温斯洛·泰勒声名鹊起,由他主导的革新运动大部分的精力都集中在生产本身。这一时期,泰勒式生产顾问的严苛形象愈发鲜明——手握秒表,试图消除工厂里一切浪费时间的行为。1898年至1900年,泰勒凭借与伯利恒钢铁公司的合作,确立了自己的声望。在他众多的改良举措中,最著名的一项是改变了工人们搬运矿渣的铁铲样式,提升了原材料流转的速度。普尔曼公司在这一时期也整合了这类想法,建造了自己的工厂。约翰·伦内尔斯提到,铜制品加工车间精心设计了宽阔的过道,将工具在架子上摆放整齐以提升工作效率。但是他们随后就发现,只关注生产力本身并不能让整个部门保持良性循环。

普尔曼公司的案例研究发表于1916年,也就是泰勒去世的1年之后。此时,像《系统》这样的杂志已经逐渐把注意力拓展到了人力劳动的信息与决策。杂志上关于"哪种铁铲更好"的内容越来越少,而"通过表格来了解到底需要铲多少次"的内容则越来越多。具体来说,我们使用生产流程这一专有名词来指代实际生产活动与组织生产的信息、决策的结合。1916年这篇文章记录的生产流程思维方式逐渐占据了工业管理界,成了一个关键概念。前英特尔首席执行官安迪·格鲁夫(Andy Grove)就在他1983年出版的经典企业管理书籍《格鲁夫给经理人的第一课》(*High Output Management*)中,专门用前两个章节解释了生产流程思维的力量。他在书中指出,如果没有这种结构,提升生产力就只剩下一个选择了:找到如何让人"干活更快"的办法。不过,一旦你看到了整个生产流程,一个更有力的选项就会浮现出来:"我们可以改变完成工作的本质方式。"他强调优化的是流程,而不是人。[3]

这就把我们带回到了本书的主题:知识型工作。在这个领域里,我们顽固不化地抗拒来自工业管理界的洞见。我们大都忽视流程,而是把精力全部投入到如何让人们工作得更快。我们沉溺于雇佣和提拔明星。我们寻找领导力顾问来激励人们更努力、工作更长时间。我们拥抱像智能手机这样的发明,让自己有更多时间去工作。我们在公司园区开设干洗店,在公司通勤班车上配置无线网络,这就好比尝试用更快速的方式将矿渣铲走。

但可想而知,这一套办法根本不管用。

■ ■ ■

本章的核心观点就是生产流程思维不仅适用于工业生产,也同样适用于知识型工作。用大脑生产而不是双手,并不会改变基本的事实——工作还是需要协调。决定分派谁去完成哪项工作,找到系统性方法来检查进度,这对于编写代码、给客户提供方案等知识型工作来说同样重要。

在知识型工作领域,你和你的组织产出的任何有价值的成果,都可以视作生产流程的产出。如果一家市场营销公司要为客户进行公关宣传活动，那么公司就会有一套公关宣传的生产流程。如果是一个解决薪资问题的人力资源团队，团队就会有一套解决薪资问题的流程。如果你是一位教授，教学需要你布置作业并给习题打分，你就有一套给习题评分的流程。

如果知识型工作者承认这些流程的存在，并能整理和优化流程，他们就会跟铜制品工人有相同的发现：与生产力的大幅提升相比，付出的代价不过是九牛一毛。当我们对比支出和收益时，得到的结果通常是"利润可观"。当然，问题在于这样思考的知识型工作者实属罕见，大家往往更专注于人，而非过程。结果是知识型工作领域更倾向于模糊不清的流程，依靠过度活跃的群体思维来非正式地组织工作。

这种对流程的厌恶有一个主要原因，即前文提到的对知识型工作者自主权的坚持。根据定义，生产流程需要具体的规则，但规则减少了自治——这与德鲁克主张的知识型工作者"必须管理自己"的理念相悖。不过，这种对流程的厌恶不仅是因为对自治有偏见。许多知识型工作者都认定，缺失流程不仅是自我管理必然的副作用，实际上是一种更聪明的工作方式。人们普遍认为，缺少流程意味着灵活与弹性——我们常被灌输的"创新式思考的基础"。

从根本上看，这种观念是卢梭式的。让-雅克·卢梭（Jean-Jacques Rousseau）是 18 世纪启蒙运动时期的哲学家，他相信人性本善——在政治对人性施加影响之前。按照卢梭的观点，知识型工作者只要能够用任何一种自然的方式来工作，他们就能无缝适应眼前的复杂情况，提供原创的解决方案和影响整个行业的创举。根据这种观点，明确编写的工作流程太过人工化了：它们破坏了伊甸园式的创造力，导致了官僚主义和发展停滞——《呆伯特》（*Dilbert*）漫画里的情节成了现实。

通过多年来对于知识型工作者生产力的细致研究，我相信这种理解是完全错误的。如果以启蒙运动哲学作为类比，知识型工作的本质更接近霍布斯式——也就是托马斯·霍布斯（Thomas Hobbes）的观点，在他的《利维坦》（*Leviathan*）一书中有过详述。霍布斯认为，如果没有国家约束，那么人类的生活会是"肮脏、粗鄙且短暂的"。当你让工作回归到自然状态，采用非正式的工作流程，那么最终必不可能是乌托邦式的结果。正如我们在现实情境下观察到的，在非正式工作流程条件下，特权阶层出现了。如果你盛气凌人又难以相处，或者你是老板眼前的大红人，你便可以成为狮群中最强壮的那只，躲开你不喜欢的工作，只需要对那些试图把工作交给你的人怒目而视，对他们的信息视而不见，或是声称自己已经超负荷工作就可以。从另一方面看，如果你讲道理或是平易近人，最终下场就是超负荷工作，工作量远超一个人能承担的合理范围。这些情况不仅让人意志消沉，也是对注意力资本毫无效率的分配。但如果没有抗衡的力量，这种特权通常难以避免。

在这种没有明确工作流程的自然状态下的职场，精力付出最小化才是第一要务。这是人类的本性：如果没有协调工作的架构，那么我们本能地不会付出超过必要限度的精力。并且只要有机会，我们中的大多数人都会凭直觉行事。当你收到一封邮件，就是非正式地宣布你需要负起新的责任。但由于没有正式生效的流程来分派工作或是跟踪进度，于是你会找到最简单的方法把责任丢出去（即使只是暂时的）——你快速答复，寻求一些模糊的说明。"烫手山芋"的传递就此展开，邮件发来发去，每个人都暂时性地把责任转嫁给另一个人，直到截止时间来临或是老板发怒，勒令停止。大家会在最后时刻手忙脚乱地拼凑出一个勉强能接受的结果。很明显，这也是毫无效率的工作方式。

换句话说，一个设计良好的生产流程非但不是高效率知识型工作的障碍，反而往往是一种先决条件。这就引出了我们本章要详细探讨的原则。

过程原则

在知识型工作中引入智慧的生产流程，可以大幅提升工作表现，也可以减少工作带来的疲惫感。

想要超越过度活跃的群体思维，我们必须放弃卢梭式的乐观想法——放任知识型工作者自由发展，就可以得到理想的结果。为了充分利用注意力资本，我们需要流程，这对知识型工作组织和个人都是一样的。此处必须重申，我讨论的工作流程不是要把熟练和动态的知识型工作降级为照做每一步就行的死板指示。正如我们在上一章探讨的，本书着眼于革新那些协调知识型工作的流程，而非完成工作本身。我们现在讨论的生产流程也是如此——我们要厘清是谁负责何种工作，而不是确定完成工作的细节。换句话说，是用原则来代替过度活跃的群体思维所导致的无休止的信息往复，让知识型工作者花更多时间在工作上，而不是谈论工作——就像约翰·伦内尔斯重塑工厂的工作流程一样。

本章的剩余部分将讨论在知识型工作组织和个人职业生涯中建立智慧型工作流程的想法。我们还是先从一个具体的案例开始，将其作为后续讨论的参考。在这个案例中，我们要关注一家拥有 12 名员工的传媒公司，他们把过程原则运用到了极致，也实现了利润的最大化。

案例研究：将优化公司优化

优化公司（Optimize Enterprises）是一家专注于提供个人成长内容的媒体公司。这家公司的核心产品是为用户提供订阅服务——每周更新的深度读书报告，还有短视频形式的每日课程。你可以访问网站，或者使用智能手机上的应用程序来获取这项服务。最近，优化公司还开展了一个教练培训项目，意外地颇受欢迎。超过 1000 名教练报名参与了第一轮训练，光是这一轮训练就要持续 300 天。优化公司有 12 名全职雇员，同时还有 8 到 12 名兼职人员配合工作。优化公司没有实体总部，这意味着整个团队都是在远程运营。布莱恩·约翰逊（Brian Johnson）是公司的董事长和创办人，当我为写作这本书采访他时，他告诉我优化公司正朝着年营收 250 万美元的目标稳步前进。

约翰逊的公司之所以引起了我的注意，并不是因为它的规模或者产品，而是公司运营的细节。约翰逊在访谈中提到："我们根本不发邮件，我们是零邮件办公，团队成员之间绝对不会有任何邮件往来。"虽然约翰逊没有使用专门术语，但是他和他的团队已经利用生产流程思维，成功避开了过度活跃的群体思维。约翰逊本能地反感被打扰和忙碌得精疲力竭，所以他和团队有条不紊地将工作分解为清晰流程，充分优化，最大化有效工作时间，最小化切换于工作和收件箱之间的时间。"我们团队坚持单一任务处理。"约翰逊告诉我，"一次只完成一件事情。"

举个例子，优化公司里比较复杂的流程之一是制作每天早晨在多个平台播出的课程视频，制作视频的工作量很大。约翰逊负责实际的构思和撰写课程内容，他也坐在摄像机前授课。除此之外还有其他工作需要完成：课程的脚本要编辑，视频要拍摄，拍好的视频要剪辑，而且还要在合适的时间发送到不同的平台。差不多有 6 个人在执行这些工作。

在许多机构中，想要维持一台内容生产机器一直运转，需要数量庞大的互动交流——似乎必然导致无休止的邮件往来或者过度活跃的即时对话。但是优化公司完全没有这些现象，数年来他们建立了生产流程，消灭了几乎所有的非正式互动，让参与工作的员工能将接近100%的精力投入到实际工作中去，维持高质量的内容生产和流畅传输。

这套生产流程从一张共享电子表格开始。当约翰逊有了一堂课的灵感时，他就在电子表格中添加一个标题和副标题。每一行都有一个状态栏，约翰逊将其设定为"想法"，代表这一课还在最初的起步阶段。当约翰逊开始撰写课程的具体内容时，他会上传到公用的多宝箱（Dropbox）共享目录里，随后在电子表格对应的那行插入这个草稿的链接。此时，他会把状态改为"可以编辑"。约翰逊的编辑无须与他互动，只要关注电子表格的变化即可。当编辑看到课程状态变为"可以编辑"时，就把文件下载下来，转换成正确的格式再编辑，随后再把可用的文件上传到多宝箱的"后期制作"文件夹里。

此时，编辑便把这一期课程的状态栏修改为"可以录制"。约翰逊家里就有录制课程的影棚。他和拍摄团队有一个固定的时间表，约定每个月的哪几天可以录课，每次可以录制很多节课。当拍摄团队到达时，要拍摄的内容一清二楚：目前状态为"可以录制"的课程都能拍摄了。完成一天的录影后，团队会把原片上传到共享目录下以供剪辑。现在，这些课程在电子表格里的状态会被改为"可以剪辑"。此时，优化公司的视频剪辑人员下载视频，按照标准流程剪辑为可播出的视频，再把这些视频上传到共享目录的后期制作文件夹里。课程的状态变为"可以播出",在选定播放日期后,就放置在对应的那一行里。

最后一步是在选定的播出日期里,将课程的文字版和视频版发布出去。两位内容管理专家会完成最后这一步。他们监控电子表格以确认哪些课程在哪天发布。他们从后期制作文件夹里下载内容,利用内容管理服务平台来设定发布时间。时间一到,约翰逊构思的课程便能在优化公司的网络上播出。

这一套生产流程让我吃惊的原因在于,它能协调一群遍布在世界各地的专业人士,让一个规模不小的团队共同完成一个复杂且极具挑战性的任务 —— 每日播出高完成度的多媒体内容,同时完全不用任何一封计划外的邮件或实时通信,这确实是一个壮举。参与这项流程的知识型工作者从来不需要查看收件箱或是关注聊天群组。他们的时间几乎百分之百用于执行自己接受过培训的工作,当他们的工作做完了,就是结束了 —— 他们不需要再查看任何东西,也不用着急回复任何信息。

公平地说,媒体生产是一项有组织的活动,然而许多知识型工作者面对的是无组织且持续变化的需求。为此,我请约翰逊介绍他团队中高级经理的日常安排 —— 这位经理的职责是监督多个一次性项目,还要定期产出原创性策略。约翰逊说,这位经理的日程从每天 3 小时的深度工作开始,在此期间,他不接受"哪怕一丁点儿打扰"。这段时间是经理专心思考自己项目的专属时间 —— 深思熟虑后做出决定:应该如何推进项目,下一步该关注哪些问题，有哪些不足需要改进，需要忽略哪些部分。

只有在这一时段过后，经理才会把注意力转向其他正在管理的项目上。为了让项目管理系统化，优化公司采用了一个名为 Flow 的在线协作工具。Flow 的形式极为简单，你可以跟踪与项目有关的任务。每个任务用一张卡片来代表，这个卡片可以被指派给特定的人，并且设定完成期限。卡片上可以附上与任务相关的文件和信息，参与这项任务的员工们可以在卡片下的讨论区内对话。最后，这些卡片可以放置到不同的栏目下，每个栏目代表不同的任务种类或状态。

在上一章，我们研究了戴维什的市场营销公司如何使用看板，而约翰逊的公司也是围绕着看板来展开工作的。从前，所有工作流程的沟通都是通过一个综合用途的邮箱或者聊天工具进行，而现在只需要选择某个特定项目，浏览项目页面，检查自己需要完成哪些任务就行了。这正是优化公司的经理在深度工作时段后的安排：他逐一查看项目，在必要时加入卡片下的对话，全面了解各项工作的进程。

在 Flow 上检查过这些项目后，管理人员通常会用视频电话与不同项目的成员进行一对一的视频会议，讨论新的提案或是解决正在进行的任务中的问题。大多数项目每周还有定期例会，协调每个人的进度并高效解决团队问题。管理人员会参加这些会议，将会议上的决策同步更新到项目的页面上。跟优化公司的其他员工一样，管理人员的一天也是在下午 4 点到 5 点之间结束。

约翰逊坚持在公司推行"数字日落":让员工在合理的时间结束一天的工作,回去陪伴家人,放松身心,给自己充电。因为收件箱里没有邮件要看,所以管理人员和其他员工一样,直到第二天早上都不用工作。

在优化公司的流程中,我还学到了其他细节。虽然他们禁止内部邮件往来,但是与外部客户沟通时还是使用电子邮件,不过是有组织地互动。约翰逊说,负责处理外部邮件的同事会利用零碎的时间来查看收件箱,通常是每天 1 次。在处理客户的问题时,优化公司选择了一个名为 Intercom 的工具,提升回应常见需求的效率,避免收到堆积如山的客户邮件。优化公司每周一还会通过全公司的例会(用电话会议软件)来协调大家的工作。

最有意思的一点可能是(第一次听说时我也吓了一跳),优化公司也使用即时聊天工具。不过,约翰逊解释,他们使用的方式和惯常的群体思维式聊天截然不同,因为优化公司的核心工作几乎全部都有完善的流程,需要聊天的内容所剩无几。他们使用即时聊天工具主要有两个目的,第一就是"庆祝胜利"。如果有人完成了一些重要任务,不管是工作上的还是个人的,他们都可以在聊天工具上分享。约翰逊将这种情况形容为虚拟的"击掌相庆"。他解释道,由于公司没有实体的办公室,社交通道的存在是非常重要的。他们使用 Slack 的另一个目的是设定开会的时间,而大部分实际互动都出现在会议上。

优化公司的员工确实会使用即时聊天工具,但却是非同步的——一天里只会在完成任务之余查看一两次。太频繁地查看聊天软件毫无必要，因为上面没有任何内容值得一看。在一个典型的工作日里，优化公司的员工可能只会花几分钟使用这类工具——也许是发布虚拟的"击掌相庆"，也可能是提供开会时间以便管理人员确认。

最后，为了支持这种以流程为中心的工作方式，约翰逊坚持整个公司都要严肃对待流程。他认为完备的流程才是他们取得成功的关键。优化公司希望每一位员工在每天开始工作后的前 90 分钟保持深度工作，完全不受任何打扰（有的员工，例如管理人员，深度工作的时间会更长）。每天早晨这段免打扰时间的主要功能之一就是思考流程以及如何改进流程。约翰逊解释，必须花时间才能更好地协调工作流程中的不间断打扰和互动。他努力确保每个员工都把这件事当作第一要务。"你需要不受打扰的时间来思考如何系统地处理这些信息输入。"他解释道。这可能也是优化公司所有流程中最重要的：通过思考流程来提升现有的流程。

谁去做什么以及如何去做？高效率流程的特点

假设你想设计出更完善的知识型工作的流程，那么怎样才能让流程变得高效？不妨想想优化公司的生产流程。只要约翰逊在共享电子表格里输入了一节新课程的标题和副标题，从初始阶段到内容上线之间的所有步骤都会按照事先设置好的顺序来完成。在每一个阶段需要完成哪些工作，在哪里能找到相关文件，该由谁来完成工作以及完成后的事宜都写得清清楚楚。

优化公司也会处理一些多样化的一次性项目，这时就不能依靠原本的流程了，因为这些项目各不相同，但是整体的工作流程依然可以保持高度的条理性。谁在完成什么工作及其进展情况都能够通过项目管理工具来体现，而需要增加哪些任务以及由谁来完成，这些决策都会在例会上决定。在完成其中一个项目时，工作节奏是清晰明了的。你可以查看安排给自己的任务卡片，随后专注地完成这些任务，在完成后及时更新卡片。当需要深入讨论或做决策时，偶尔你也需要参加会议，会议的结果会立即反馈到看板上。这种以项目为中心的流程同样会将通信时间压缩到最少，将真正用于生产的时间增加到最多。

高效率的生产流程都具备以下特征：

- 很容易了解谁在干什么以及进展。
- 无须大量的无条理通信，也可以展开工作。
- 随着流程的推进，制定好的程序可以更新任务的分配。

还是以每日课程为例，第一条特征就体现在共享电子表格的"状态"一栏。它可以准确地告诉团队，每一节课现在处于生产路径中的什么位置。第二条和第三条特征体现在预先设定好的阶段顺序中——当轮到你参与课程制作时，它能清晰地告诉你该干什么，去哪里找到需要的文件，完成工作后把文件放在哪里，以及接下来要做些什么。

关于项目流程，第一条特征就体现在协作工具上。Flow 提供了一个赏心悦目的视觉界面，能够展示一个项目下所有进行中的任务。每个项目上都有一个小头像，代表谁负责这一任务。当你忙于其中一个项目时，你不会对自己此刻该做什么感到迷惑。第二条特征是通过建立在任务卡上的合作工具以及定期召开的简短交流会议体现的。与项目有关的沟通被严格限制在这些狭窄的渠道里。最后，第三条特征——谁该去完成新的任务通常由会议决定，随后在 Flow 上更新。

换句话说，一个好的生产流程应该把过程中的模糊状态压缩到最低，同时把完成工作所需要的无条理沟通减至最少。请注意，这些特征都没有限制知识型工作者"如何完成工作"的自主权，重点仍然是协调工作。还有一点需要注意，这些特点不会导致僵化的官僚主义行为，因为优化流程是为了减少成本——真正产出价值的活动的成本，不仅包括切换背景的成本，还有时间成本。跟那些被禁锢于过度活跃的群体思维的员工相比，优化公司的员工会感觉自己拥有更多权力和更少的压力。

在知识型工作的背景下，问题往往是必须为不同场景"量身定制"生产流程。举个例子，在优化公司运行顺畅的生产流程，也许在一个手机应用开发公司就行不通；而手机应用开发公司的生产流程可能不适合个人运营的会计事务公司。考虑到这一状况，本章的剩余部分会分享不同领域的实例，可以作为特定情况下设计生产流程时的参考。

一串任务卡片：任务看板的革命

亚历克斯（Alex）掌管着一个 15 人的团队。这个团队从属于一个大型的国民医疗保健供应商，类似一个独立运营的初创公司。亚历克斯的团队专注于数据分析。举个例子，如果你是服务于这家供应商的一个研究员，获得了一笔预算，需要完成庞大而复杂的数据计算，那么亚历克斯的团队就能搭建你需要的运算工具。他们还执行一些内部项目，让这家供应商提升运营效率，甚至还将其中一些解决方案分离出来，使它们成为单独的软件产品。亚历克斯身兼数职，他必须把团队时间应用在许多不同的项目上。

当你走进他的办公室，能一眼看到他是如何分配时间的。在办公室的一面墙上挂着约 0.9 米乘以 2.5 米大的黑板。黑板上有 5 栏：计划中、准备中、已分配、工作中和已完成。"工作中"一栏又划分为两个子项目：开发中和测试中。每一栏的下面都贴着一摞手写的卡片。如果你在亚历克斯的办公室多停留一段时间，便能发现其中的模式。在大多数工作日的早晨，亚历克斯团队的项目管理人员都会在"大看板"（这是他们的习惯叫法）前集合，讨论看板上的卡片。随着讨论的进行，卡片也随之移动：有的卡片挪到了另一栏，有的卡片在现有的栏目内调整了顺序。这些项目管理者在讨论时不会分心查看收件箱。亚历克斯的团队并不热衷于电子邮件（或是即时通信软件），这些主要是他们与外部合作者沟通的工具，真正完成工作所需的信息就在眼前，在贴在"大看板"上的卡片里。

当我问亚历克斯如何避免以过度活跃的群体思维来工作时，他解释办公室里的"大看板"并不是团队唯一的工具。贴在看板上的每张卡片都对应一个项目。当一个项目进入"工作中"一栏，被指派到这一项目的员工就会建立自己的看板，用于跟踪、记录项目的任务。与"大看板"不同，这些"小看板"通常使用软件来实现。亚历克斯的团队喜欢使用两个在软件开发界颇受欢迎的工具来建立数字看板——Asana 和 Jira。当一个项目启动时，参与其中的员工就会自行安排定期会议，更新项目看板，讨论卡片内容并重新安排卡片归属的栏目。

比如在"大看板"的一张卡片上，写着这家供应商旗下的一家医院用来存储婴儿基因检测结果的流程。原本这些数据储存在一个 FTP 服务器上，而亚历克斯团队的任务就是把这些数据迁移到一个更加灵活的数据库里。他解释了如何推进这个项目：

> 我们了解这个项目之后，会把 1 张代表这个项目的卡片放置在"计划中"一栏。排在这张卡片前面的还有 3 个待完

成的任务。当前面的任务完成时,这个任务就会出现在"计划中"一栏的最上方,我们会讨论并细化任务,再添加到 Asana 或者 Jira 上面。在"大看板"上,我们就把这个卡片移动到"开发中"那一栏。

通常,亚历克斯每天早上都要召开这种讨论会。但如果他的开发团队正全力投入某个项目,这种大全景会议就会暂时压缩到每周一次,直到有更多计划需要处理时再恢复。

■ ■ ■

这是我们第三次遇到类似的模式了:知识型工作的信息被分门别类放置于看板上不同的卡片中。亚历克斯的团队既使用真正的黑板,也使用虚拟工具上的看板;而优化公司依靠的是 Flow 软件,上一章提到的戴维什的公司用的是 Trello 软件。

把任务都放在看板上,这种组织工作的思路并不新奇。比如,医院的急诊室一直都依赖追踪记录板:在白板上画出网格线,记录每一位就诊病患的情况,还包括他们的诊室、负责的医生或护士,以及他们的鉴别分类情况。紧张忙碌的工作人员只须匆匆一瞥,便能从追踪记录板上快速了解急诊室的总体情况。追踪记录板还简化了在哪里安置新病患以及医生该去哪里看病的任务。即使是 20 世纪早期的普尔曼公司也依靠看板,他们在木制看板上用铜制标签标示出铸造工人被指派到机器上工作的情况。

近来也有一个更简洁的办法,即把在看板上分配任务作为一种生产力工具。按照这种方法,看板被划分为不同的栏目,工作任务就是每一栏下面垂直排列的一叠卡片,每一栏的名字都恰如其分地描述了工作推进的状态。在亚历克斯的"大看板"上,"计划中"一栏的卡片排列顺序也意味着完成的先后顺序。这就是亚历克斯、戴维什和布莱恩·约翰逊都在使用的通用方法。

这种组织工作的方法起源于软件开发领域,在过去的二三十年里逐渐被人们接受,这就是"敏捷方法"(agile methodologies)。敏捷方法的基本构想来自 17 名程序员和项目经理在 2001 年共同写下的一份宣言。宣言的开篇十分乐观:"我们找到了更好的开发软件的方法。"接下来是 12 条原则,每一条都用浅显易懂的语言做了解释。其中一条原则是:"我们的第一要务是尽早且持续交付有价值的软件以满足客户需求。"另一条原则是:"简洁是本质,这是最大化减少不必要工作量的艺术。"[4]

想要理解敏捷方法,你必须要理解它代替了什么。曾经的软件开发依赖于笨重复杂的项目计划,想要靠它提前梳理清楚开发一个大型软件到底需要多少工作,简直是白日做梦。这种计划经常以多色甘特图的形式出现,力图准确知晓每个阶段需要安排多少名程序员,同时也能给客户提供精确的交付日程。理论上这种方法是行得通的,但实际上除了最简单的项目,这些计划几乎没有一次是准确的。开发软件和生产汽车大不一样,我们很难精确估算不同步骤花费的时间，出现的问题也难以预料。不仅如此，客户也不能事先知晓自己需要的所有功能，所以正在开发的功能可能会临时改变，这也会进一步破坏计划表的准确度。

按照敏捷方法的工作思路，软件开发应该被分割成一个个小组块，每个组块都越早公开越好。用户的反馈信息能够快速整合，为将来的更新做好准备，如此一来就能形成流动的反馈循环。有用的软件是逐渐进化出来的，而不是在公开前一次成形的完美作品。随着越来越多的软件以网络为基础运行，公开更新和征求反馈的过程也简化了，各种敏捷方法在开发领域变得极受欢迎。

各种这个词在这里十分重要。敏捷方法本身并不是一套有组织的系统，相反它只是描述了整体方法，想要实现它还是得靠多个不同的系统。时下有两个系统颇受欢迎：Scrum 和 Kanban。如果你对软件开发稍有涉猎，至少应该听说过这两个名字。通常 Scrum 会把工作分解为一个个"冲刺"，一个团队完全专注于一个特定的更新，完成后再进行下一项；而相比之下，Kanban 强调的是持续的任务流，通过设定好一个个阶段来实现总体目标——把每一个阶段中正在进行的工作最少化，预防瓶颈的出现。

这就又将我们带回了看板。忽略执行过程中的具体细节，你会发现这两个软件的共同之处——使用任务看板，用卡片对应任务，再将卡片垂直排列在代表软件开发进程的不同栏目下。比如在 Scrum 里，有一栏叫积压的工作，这个栏目下面是或许很重要但还没解决的工作；有一栏是正在完成的工作，一组程序员正在"冲刺"；另一栏是已经完成、正在测试中的任务；还有一栏留给已经完成、通过测试并准备公开的软件。

两个系统使用了相同的方法来组织任务，这并非巧合。敏捷项目管理背后的核心理念是人类天生擅长计划。我们不需要复杂的项目管理策略也能知道下一步该干什么，只要让一组充分了解情况的工程师在一起讨论一下就够了。但是有一点必须注意，就是只有在充分了解所有信息之后，才能高效发挥我们的计划本能——哪些任务正在进行，哪些需要完成，在哪里遇到了瓶颈，等等。需要快速沟通这些信息时，看板上一串串任务卡片的效率相当惊人。

任务看板的特点让它们不仅适用于软件开发，当一些前瞻性知识型工作机构试图系统化流程时，也会使用任务看板。这也是为什么我推荐这种方法。为了帮助大家理解，我收集了几个知识型工作领域充分利用任务看板的绝佳案例。

任务看板惯例 #1：卡片应该清楚并提供有用信息

任务看板方法的核心是把一串串卡片放置在对应栏目下。通常，这些卡片都对应着具体的工作任务。这些卡片上的描述应该足够清晰，这一点非常重要，卡片代表的任务绝不能模糊不清。

成功使用任务看板还有另一个诀窍，就是以清晰的方式把任务卡片指派给对应的人。类似 Flow 的数字化系统有任务指派功能，你可以在任务卡上看到这项任务负责人的小头像。不过即使有的系统没有这种功能，把负责人添加在卡片标题里也很容易。有时栏目本身就体现了任务分配，例如在一个小型开发团队里，有固定人员负责"测试中"一栏的任务。真正重要的是，当一张卡片移动到一个栏目下面时，需要有人积极着手，而不应有人选上的不确定性。

最后一点是需要用简单的方法将相关资讯与卡片串联起来。在使用诸如 Flow 或 Trello 这样的数字化看板工具时，你可以在卡片上添加附件或者长长的文字描述。这项功能非常有用，因为它能把所有与任务有关的信息聚合在一起。这也是我在研究戴维什使用的 Trello 看板时感到震惊的一件事。例如我在他的看板上看到一个卡片，这个卡片对应的任务是为一个客户撰写一篇分析报告。卡片上附加了相关文件，包括撰写报告所需要的数据以及用来制作格式的笔记。负责这项任务的人不用在收件箱或聊天记录里查找便能找到这些材料，开始写报告时，他们需要的所有资料都在同一个地方。

如果你使用的是实体看板，当然不能直接在卡片上添加数字文件或者长长的描述。不过你可以利用云端存储工具为看板设定一个共享目录，每个栏目对应一个子目录，效果也差不多。你可以在某一个栏目对应的子目录下存储卡片的相关信息。当接到任务时，搜索信息的工作就能简化。

任务看板惯例 #2：不确定时，利用默认栏目

软件开发领域使用任务看板已经是轻车熟路，但是当你离开了这个舒适区，为自己所在的特定知识型领域打造专属看板，可能就没有那么简单了。当你犹豫不决时，不妨从默认设定开始，例如 Kanban 只包括 3 个栏目，还没干、正在干和干完了，你可以在这个基础上按需调整。

举个例子，在戴维什的看板上，他设定了"设计任务"和"执行客户活动"两个栏目。这种对默认设定的修改非常适用于他的公司，因为设计工作和执行工作是由两组不同的员工完成的。相比之下，优化公司的看板更加简单——在一个栏目下放置该项目此时正在执行的所有任务。

Kanban 的默认设置还有一种很实用的扩展，就是增加一个栏目，专门存储与项目整体相关的背景笔记和研究。这个技巧打破了一张卡片关联一项任务的传统，在使用数字化看板时，这是一种就近存储所需信息的实用方法。戴维什的市场营销公司就专门有这样一栏来记录客户的来电内容。

任务看板惯例 #3：定期召开研讨会

正如前文提到的，在知识型工作领域，生产流程的关键特性是需要一套有效的系统，决定由谁完成何种任务。在任务看板的背景下，这些决策通过看板上的卡片来体现，还有卡片被分派给谁去完成。但是，该如何决策呢？敏捷方法的一个基本思路就是定期召开简短的会议，这是讨论和更新任务看板的最佳方式。敏捷方法反对你在非正式、非同步的对话中，例如在电子邮件或即时通信工具中讨论这些决定。当你在自己的生产流程中使用任务看板时，应该遵守相同的规则。

这些讨论会的标准形式是，每个人都简短总结一下自己手头正在进行的工作，今天需要其他人提供怎样的帮助来推进工作，以及前一天完成任务的情况。我们在这些研讨会上发现新的任务，指派负责人。研讨会能帮我们打破瓶颈，因为一个人会等待另一个人的回复；研讨会也能让大家体会到各司其职的责任感：如果今天会议上交办的任务你没有做好，那么在明天的研讨会上就必须向大家承认这一点。

这些定期的研讨会之所以奏效，部分原因在于合作性，参会的每个人都觉得自己参与了正在进行的任务决策；还有部分原因是会上没有任何语焉不详之处——在讨论目前工作的分派时，每个人都在场；最后一个原因就是本书第一部分曾提到的：相比循环往复的通信方式，实时沟通往往能更有效地协调多人工作。只需要聚在一起开 10 分钟的短会，就能减少几十次内容模糊的通信，避免一整天里不断地被打扰。

当然，很多现代知识型工作机构聘用了远程工作的员工，负责同一个任务看板的人不能全部出席研讨会。通常这可以使用视频会议软件来解决，关键在于要实时互动。

任务看板惯例 #4：用卡片对话代替群体思维聊天

数字化看板系统的另一个强大功能就是卡片自带的讨论功能。例如你不仅可以为卡片添加文件和信息，还可以找到直接存储在每张卡片上的留言板对话工具。人们可以提出问题，其他人可以稍后给出回答。在我观察的那些使用任务看板的知识型工作机构里，这些卡片对话是协调特定任务的关键部分。人们会每天查看几次这些卡片对话，降低定期研讨会上的讨论量，同时降低对综合用途通信工具（例如电子邮件）的需求——这类工具只会让信息变得杂乱无章。

这种卡片对话会不会让过度活跃的群体思维悄悄潜入你的组织？这个疑问十分合理。不过，根据我的观察，卡片对话和群体思维式聊天可谓天差地别。还是拿戴维什举例，他将使用电子邮件到卡片对话的转变称为沟通上的"逆转"。当你使用综合用途的邮箱时，所有的讨论蜂拥而至，迫使你不断查看收件箱，不得不同时面对不同项目的讨论。反过来，当你依靠卡片对话时，只有你在查看某一项目的看板时，才能看到与这个项目有关的讨论。此时此刻，你面对的讨论只与这一项目有关。"逆转"是因为现在你可以决定讨论哪个项目，而不是项目来替你决定。

卡片对话也带来了不同的沟通期望值。当人们知道你每天只会查看几次与自己相关的任务卡片时，你就不会有紧迫感，或者觉得自己需要快速回复。所以工作的间隔增加了，人们开始习惯一次处理一件事，可以保持长时间的专注，做完这件事再去完成下一件。反过来，当这些对话出现在综合目的的通信工具上时，每个人都意识到大家会频繁地查看这一工具，所以对答复时间的期望便大大提升，因此难免又倒退回过度活跃的群体思维工作流程。（可以参考第三章关于答复循环的讨论。）

不仅如此，卡片对话比群体思维式聊天更有条理性，因为卡片对话是与特定任务关联在一起的，同时还附带任务所需要的所有文件。拿我自己举例，如果我正在完成一个项目，想查看其中一个核心任务的情况，只需要简单地翻开卡片，查看下面的相关讨论即可——这样我就跟上了进度。相比之下，过度活跃的群体思维流程会导致所有信息零散分布在许多人的收件箱里，或者深埋在拥挤的聊天频道里。

把聊天转变为卡片对话也能放缓节奏，带来平静。我们无须花很长时间跟总是满满当当的收件箱"一较高下"。卡片对话的好处不应该被低估。

个人看板：用个人任务看板组织你的职业生涯

吉姆·本森（Jim Benson）对知识型工作的提升思考良多。他的咨询公司名叫企业操作法（Modus Cooperandi），专门为知识型工作机构量身定制个性化的生产流程，提升协作效率。曾经在软件公司就职的吉姆·本森擅长使用敏捷方法，可能正是受到这段职业经历的影响，本森的流程会经常用到任务看板。在企业操作法公司的网站照片里,复杂的栏目下铺满了色彩鲜明的便利贴。[5]

不过,在个人生产力圈子里,令本森更出名的是他自己出版于 2011 年的一本小册子。这本名叫《个人看板》(*Personal Kanban*)的书提供了一个颇具诱惑力的承诺:帮助团队厘清复杂项目的敏捷方法,同样可以用来解决个人职业生涯中错综复杂的多重任务。

《个人看板》的核心思想非常简单,本森在这本书的网页上用一个 5 分钟的视频就能概括。[6] 在这个视频里,本森站在一个带支架的大白板前面。他在白板中心贴了一大堆五颜六色的便利贴,代表家庭、朋友、同事、老板,还有我们对自己的期待。"所有这些人和事在我们的内心凝结成巨大而芜杂的块垒,每次我们决定做什么事的时候,就必须拆解一遍。"本森解释说。我们必须将这个"混乱的庞然大物"抽丝剥茧,思考各种不同的责任,才能想明白自己接下来该做什么。本森认为:"这毫无意义。"

针对这个问题,《个人看板》提供的解决方案是使用个人的任务看板。本森建议使用 3 个栏目。第一栏是选项,这一栏需要你将自己的所有责任用便利贴排列整齐,每张便利贴代表一个任务。书中写道:"现在我们已经厘清混乱的工作,并且用方便辨认的矩形来标记。"第二栏是正在进行,代表进行中任务的便利贴就移动到这一栏。这一栏的关键,也是看板系统普遍适用的秘密就是：你需要严格限制在特定时间内需要完成的任务数量。在看板系统里，这被称为进行中的任务上限。在视频中，本森把这个上限设定为 3 个。他解释道，如果你一意孤行，试图同时完成几十个不同项目，最后就只能拥有"混乱的人生"。他令人信服地指出，在同一时间内完成少量事情，效果更佳——你能做到全神贯注，做完一件事之后，再去做新的事情。

这就让我们来到了已完成一栏，你可以把已经做完的任务放在这个栏目下面。理论上，完成任务后，代表这项任务的便利贴大可以一丢了之，但是按照本森的说法，把便利贴从正在进行挪到已完成一栏带来的心理激励会成为强大的动力。

本森出版《个人看板》后的数年间，这个系统吸引了一批狂热的崇拜者。在油管（YouTube）上搜索便能看到无数条粉丝自制的视频，讲述自己如何利用本森的方法来提升个人生产力。如果你认为这些粉丝会严格执行本森的三栏设计，说明你太不了解个人生产力这个圈子了。看过这些粉丝的自制视频，你会发现许多更复杂的个人定制化的变体。

在其中一个视频里，"正在进行"一栏被"准备中"替换，底下再分出 3 个子栏目：冷、温和热，从而更具体地划分进行中的任务的状态。[7] 另一个视频由一位供应链管理学的教授录制，他展示的个人看板太过复杂，似乎只有供应链管理专业的研究生才能看明白。他把"选项"栏用不同颜色的行进行区分，称之为"价值流"，每行代表不同类型的任务并且贴上对应颜色的便利贴。这些行又进一步划分成不同的栏目，其中一栏叫作"待命区域"，指这个学期无法着手的任务，另一栏是他希望完成的任务。每一行还有一个"登场区域"，所有"价值流"接下来要进行的任务都会移动到这里。登场区域的任务数量庞大，所有任务都会由这里移到任务数较小的正在进行栏，正在进行栏的任务数量上限是3。他的已完成栏跟正在进行栏一样，有相同颜色的"价值流"，这样他就能一眼看出自己最近是如何分配时间的。[8]

■　■　■

个人看板受到生产力迷的欢迎，为那些试图避免过度活跃的群体思维的人揭示了一个重要的真相：任务看板不仅能高效协调团队工作，还能以惊人的效率帮你整理个人任务，即便你不是供应链管理专业的研究生也可以使用。

作为一名教授，我在自己的职业生涯里也践行了这一理念。在担任乔治城大学计算机科学系研究生部主任期间，我利用Trello来记录自己的任务。根据吉姆·本森的基本架构，我设置了正在进行和已完成两栏。按照个人看板圈子的指引，我也自己设定了栏目，梳理那些计划完成但还未积极着手的任务（下文我会展开讲）。每周一我都会查看看板，更新卡片的位置，决定本周我要完成的工作。在之后的几天里，我也会参考看板，决定在为研究生部主任这一职责预留的时间里要完成哪些任务。当新的任务来临时，不管是电子邮件、电话，还是学生来办公室问我一些不知道怎么回答的问题，我都会立刻写好卡片，放在看板上，留待稍后处理。

如果没有任务看板系统，我势必要依赖于过度活跃的群体思维来完成研究生部主任的工作，整天陷入雪崩一样涌入且进展缓慢的电子邮件的泥沼里。我会成为那种在每个会上都开着笔记本电脑、奔走于校园里、时刻攥着手机不停回复的人。换句话说，如果没有这一系统，我的工作简直让人无法忍受。引入这一系统后，这一职位的麻烦事便大幅减少。所有任务都会放在看板上加以梳理，让我可以在预留的时间内有条理地完成。这也是为什么我强烈支持你使用任务看板，它不仅可以管理团队，也可以组织你作为知识型工作者的个人生活。

下面是一些使用个人看板的成功案例，能够帮助你更好地应用看板。

个人任务看板实践 #1：不止用一块看板

有些看板的拥护者会用一块单独的看板来梳理自己的职业生涯，但我的建议有些许不同：为你职业生涯的每一个角色都使用一块单独的看板。目前，我作为大学教授有 3 个不同的角色：研究者、教学者和研究生部主任。我为每个角色都配备了独立的看板，因为当我在思考教学相关的问题时，肯定不会涉及与教学无关的学术研究或研究生项目。这样可以减少切换，提升我解决问题的速度。

同样,我还发现有时候为大型项目建立专属的任务看板非常有用(例如那种需要花费数周才能完成的项目)。举个例子,不久前我担任了一个大型学术会议的主席。这一角色需要完成的任务简直数不胜数,我发现把与此相关的所有任务都放在专属的任务看板里,与学术领域的其他事务分隔开,这样会更容易一些。项目结束后,这个看板也寿终正寝了。

当然,你能管理的看板数量也是有限的,要避免看板太多,难以兼顾。这也是为什么我认为每一个角色和每一个大型项目都需要一个看板。对大部分人来说,这意味着管理自己的生活需要 2~4 块看板,这个数量是比较理想的。相反,如果你有 10 块看板的话,在看板之间切换的代价就抵消了区分任务所带来的益处。

个人任务看板实践 #2:安排定期的个人研讨会

前文我们讨论了知识型工作团队使用的任务看板,我认为定期的研讨会是更新看板的最佳方式。你的个人看板也应如此。如果你想充分利用这一工具,需要每周设定时间全盘审视并做相应的更新。这些个人研讨会花不了太长时间,如果你能定期进行,那么通常只需要 5~10 分钟的时间就足够了。研讨会也不必过于频繁,每周 1 次的频率就很合适,但不能省略。一旦你认为任务看板不再是管理工作的可靠工具,势必会重返更加疯狂的群体思维通信。你需要在个人日历上设定研讨会日程，并且像对待其他会议和约会一样认真。个人任务看板可以有效提升你作为知识型工作者的生活质量，但是你必须投入足够的时间来维护。

个人任务看板实践 #3：增加"待讨论"一栏

担任研究生部主任期间，我经常需要和一些同事讨论相关事宜，他们是系主任、研究生项目管理人以及研究生委员会里的另外两位教授。于是我在研究生部主任的任务看板上为这三类同事分别增加了一栏，标题是"下次会议讨论"。当一项任务出现，需要同事们提供意见时，我会抑制住快速给他们写一封邮件的冲动，转而将任务移动到"待讨论"一栏。

每周我都会在固定的时间与项目管理人会面。每次开会时，我们都会审视一遍上次会议后他的栏目下新增的任务。对于系主任和研究生委员会这两栏来说，我会在"待讨论"栏目差不多满了的时候，再安排会议来一次性研讨这些任务。

这种技巧看似简单，但对于我个人职业生涯的影响是非常正面的。举例来说，在某个星期，我和系主任在"待讨论"一栏累积了 5 张卡片。在一个 20～30 分钟的会议里，我们俩能为每张卡片提出一个合理的计划。相反，如果我为每一个任务快速发出一封邮件，结局就是有 5 个不同的对话同时出现在我的邮箱里，而且我还得连续追踪 1 个星期——每天都要额外查看邮箱几十次，注意力也会完全被切割得支离破碎。

如果你想解锁个人任务看板的力量，把群体思维式的信息往复压缩到最少，这个方法也许是最重要的。通过记录下会议需要讨论的内容，再定期进行有效会议，这可以代替 90% 的群体思维式通信。任务看板能让这件事变得简单。

个人任务看板实践 #4：增加"等待回复"一栏

在知识型工作领域的团队合作中，一项任务时常需要暂停下来等待回复、答案或是他人的一条重要信息。如果你使用个人看板来管理任务，那么只要把这些暂停中的任务移动到"等待回复"一栏，就能轻松追踪这些任务。当你把一项任务移到这一栏时，务必要在卡片上标注你在等待谁的回复以及收到回复后你要做什么。这能够避免你跟不上那些暂时放在一边的任务的进度，也让你在收到回复后能够继续高效率地推进工作。最重要的是，这些尚未完成的任务可以妥善安置，你无须担心自己忘记了什么事情，可以摆脱焦虑。

A 接下来是 B：自动化的过程

让我们回到优化公司的每日内容生产流程。跟我们刚刚讨论过的例子不同，优化公司的流程并不包括任务看板或者研讨会。实际情况是，几乎没有任何互动发生或是有任何决定要做。一旦布莱恩·约翰逊在共享电子表格里放置了新课程的想法，它就会像时钟一样运行，从一个状态进入到下一个状态。在每一个阶段，负责人员都清楚地知道自己要完成什么。

这种自动化生产流程在许多知识型工作场景都扮演着重要角色。当然，不是所有的流程都能自动化。想要实施这一策略，流程必须是高度可重复的——相同的人每次用相同的方式，完成相同的步骤。相比之下，用看板来优化流程就更加动态和多样化，需要协调决策，设定下一步处理哪个任务以及由谁来完成。

举个例子，我们来设想一下，现在的任务是给你的团队设定一个季度预算。这一任务或许可以被精简为一系列的清晰步骤，每个季度都按同样的方式走相同的流程，这就是自动化适用的场景。换个例子，例如更新公司的网站，那么这个项目可能就没有那么明确，需要更多的讨论和计划才能实现，这种场景就更适合用看板来管理。不过，在公司网站内容里增加新的客户案例这一任务同样可以自动化，因为这也是高度重复性的活动，以此类推即可。

一旦你找到了适合自动化的流程，以下指导原则可以帮你顺利完成流程转型：

- 分割：把流程分割为一系列明确的阶段，按照一个接一个的顺序来完成。每一个阶段都必须清晰说明需要完成哪些任务以及谁在负责。
- 告知：设定一个发送信号或者通知的系统，从而追踪流程中每一个阶段目前的具体产出，让参与任务的人知道何时自己该接手工作。
- 渠道：为传达相关资源和信息设立清晰的渠道，方便工作从这一阶段推进到下一个阶段（例如共享目录里的文件）。

优化公司的每日课程生产流程就清晰地遵照了这些指导原则。流程被分割为清晰的阶段，利用共享电子表格来告知每节课当前的状态，使用共享目录来传输文件。不过，自动化流程并不一定要借助软件系统才能实现。例如在我担任教授的这些年里，我优化了自己和助教共同批改大型课程作业的自动化流程。布置作业时，我会同时把详细的参考答案范例写在每道题的后面。我还会写上自己在打分时的一些大致想法，比如哪些答案可以得到满分，哪些答案能得到部分分数，以及哪些答案只能得零分。[9] 在给学生布置这些作业的当天，我也把这些文件发给助教。

上课时学生上交作业，下课后我会把作业带回办公室，放入办公室门边墙壁上的信箱里。助教晚些时候就会将这些作业取走。我无须通知他们来取作业，因为他们都知道课程表，所以知道学生交作业的日期。助教拿到作业后就能开始批改。在给作业评分时，他们可以更新我提供的评分笔记，反馈他们常碰到的问题或是决定采用某种特定的启发式评分方法。[10]

评分结束后，助教会在共享电子表格上输入学生的成绩，早在学期初，我就已经设计好了这张共享电子表格。随后助教再将作业放回到门边的信箱里。到了我计划公布作业评分的那天，我会用电子表格来生成作业分数的相关统计数据（比如平均分和分数中位数），再粘贴到文件中，这个文件还包含参考答案示例和助教更新的评分笔记。（经过反复试错，我发现详细的参考答案示例和评分笔记能显著降低抱怨自己分数的学生人数。）上课前，我会把参考答案示例打印出来，跟已评分的作业一同发给学生。

这一流程也大致遵循了上文的指导。每个阶段都清晰明了，参与者也明确知晓当前的进程，我们也建立了传送资源的渠道——作业、打分笔记、答案和分数——都去往该去的地方。不过，跟优化公司的案例不太一样，许多过程是实体化的——作业是真实的纸，而且要搬来搬去。这一细节其实并不重要，只要阶段任务和沟通渠道是清晰的，流程就会变得高效。

跟任何一个良性的自动化流程一样，我的作业打分流程基本上消除了我与助教之间关于评分的所有非计划性沟通。在布置完作业之后，我们唯一的互动就是把学生交上来的作业放到办公室的信箱里，在助教完成批改后，再把作业和参考答案示例拿到教室里。在整个流程中，唯一的一封邮件就是我把参考答案发给助教（这一步其实也可以自动化，助教只需要查看我放置答案的共享目录即可）。我不必将任何精力浪费在担忧后勤准备或是试图安排会议上。这听起来可能有些肤浅，似乎我在逃避工作，但事实是摆脱行政琐事而节省下来的精力和注意力可以投入到真正提升教学质量的活动中去,例如提升课程质量或回答学生的问题。大多数自动化流程都具有这种优点:减少不必要的协调工作。这样不仅可以减少诸多不便,还能增加投入真正有用的活动中的资源。

在大部分组织或团队中都有可以自动化的流程。不过,这种转变并不容易,因为要厘清这些过程的细节会产生很大工作量。(举个例子,我也是花了几年的时间调整,才有了现在的评分流程。)这种调整是否有必要,可以用"30倍法则"来验证。管理咨询师罗伊·维登(Rory Vaden)解释过这项法则:"你应该花上30倍的时间去训练别人完成你自己用1倍时间就能做好的事情。"[11]基本上这个法则也适用于建设自动化流程:如果你的团队或组织一年能产出某种结果30次以上,就可以考虑将生产转变为自动流程,即便为这种转变付出辛苦也是值得的。

将个人工作自动化

自动化流程不仅能提升团队工作的效率,也适用于你自己的定期类工作。这两种流程的目的都是把完成任务所需要的认知精力和信息往复降到最低,只不过在自己的工作上,流程的步骤完全由你掌控。

举个例子,在我为学生写的建议手册里,我建议他们为自己每一类定期作业都设立自动流程,包括练习题、阅读作业和实验报告等学期内会重复完成的任务。这些流程的核心是分配时间。

我推荐他们在日历上划定完成这类重复任务所需要的时间。例如每周二的下午 4 点到 6 点是完成生物学入门课实验报告的时间，统计学练习穿插在周一和周三没课的时间段里，从 10 点半到 11 点半，以此类推。我还建议学生要详细写明如何完成这些作业，包括在校园的何处完成作业，使用何种方法或资料。关键是减少计划或决策需要的认知精力，让学生可以只专注于执行。

学生们常常反馈这一建议颇具启发性。从前，他们时常会整整一周都无所事事，因为进度落后而羞愧，在最后期限逼近时不得不通宵赶工；现在，他们可以充满自信地执行自动化的日程表，每个星期都能按部就班地做好该做的事情，内心也有安全感。减少了麻烦，节约了认知精力，相同的工作量也不用再消耗那么多的精力。

没有理由不把这种方法用在非学术的知识型工作领域。如果有一项任务需要你重复独立完成，那么使用一种更有条理的流程规定好自己何时以及如何处理这项工作，肯定大有裨益。还是拿我给学生的建议举例，你可以先从设定时间开始：在日历上标记好特定时间要完成的特定步骤，你可以把它当作只有你自己参加的会议。接下来，制定一些执行步骤的规则，寻找让每个步骤更简单的优化措施或者技巧。

优化措施的关键在于把与过程相关的信息往复降低到最少。举个例子，假如有一位咨询顾问负责每周给客户报告团队在该项目上花费的时长。在此之前她需要向团队成员收集每个人的用时，并且在发给客户之前，需要先将报告发给老板过目。那么这位顾问只要设定每周撰写这一报告的时间，就能开始优化完成报告所需要的沟通过程。比如，她可以创建一个共享电子表格，让同事们自己填写时长。在提交报告的两天前，她可以发送一条提醒，让同事们尽快填写自己的小时数。实际上，她甚至不用亲自发送这个信息，使用自动发送功能就能完成（许多邮件服务商都能提供这一服务）。

同理，因为这位顾问确定每周撰写报告的时间，所以她可以与老板约定一个长期固定的时间，请老板审阅报告。例如："我会在每周二上午 11 点之前把报告放在谷歌文件的共享目录里供您过目。如果有任何建议，请当天就加到文件里。我会在下午 4 点查收修改，随后在当日结束前将最终版本发给客户。"

从前，一个每周都要完成的任务可能会产生大量紧急的往复邮件，而现在这位顾问的收件箱里不会再增加额外的邮件了。这位顾问消耗的精力会减少，她只需要查看自己日历上的个人会议安排，每周执行相同的步骤：没有紧急事件，避免了疯狂通信，也无须在深夜担忧自己忘记了重要的步骤。

这就是自动化流程的益处。不管你使用的是复杂的自动化流程还是手写的简单程序，这些过程都可以减少你对过度活跃的群体思维的依赖，也能让你获得更多的精力和内心的平静。你可以将能够合理自动化的流程都转变为自动化，之后再来操心余下的事情该如何处理。

第六章

协议原则

信息的发明

克劳德·香农(Claude Shannon)是 20 世纪科学领域最重要的人物之一,不过,在他自己的专长领域之外,很少有人知道他的名字。他最大的成就可能体现在 1937 年在麻省理工学院的硕士论文中——当时的香农只有 21 岁,他与其他的贡献者一起为数字电子学奠定了基础。[1] 但我想请大家关注他的另一项壮举,即提出了信息论,因为了解这一点可以帮助我们摆脱过度活跃的群体思维流程。

准确来讲,香农并不是第一个严肃探讨信息或尝试量化信息的人。但是在 1948 年的论文《通信的数学理论》中,香农建立了信息论(information theory)的框架,解决了之前这一主题相关研究的一些缺陷,提出了最终推动现代数字通信革命的工具。这一理论框架的基础概念既简单又深奥:我们构建的通信规则越复杂,互动所需的实际信息量就越少。在本章中，我会用这一原则来讨论如何做好职场的沟通，从而更高效地工作——只要提前花一些时间，设定在办公室里协调工作的原则（我称之为协议），就能减少完成这项协调工作所需的努力。不过，在深入探讨之前，我们要先简要了解一下香农颠覆性的研究成果。[2]

■　■　■

20世纪40年代，作为贝尔实验室的科学家，香农在通信领域的研究取得了重大突破。在贝尔实验室的同事拉尔夫·哈特利（Ralph Hartley）此前研究的基础上，香农首先剔除了信息传达中"意义"的概念。香农的理论框架更为抽象。如果发送者要从一组潜在的信息中向接收者传输某一条信息，他需要利用信道来发送一套固定字母组成的符号。接收者的目标则是识别信息发送者想要传达的内容。为了尽可能保持清晰，香农将符号字母进一步简化到只有1或0。因此，在香农的框架里，通信被简化成以下方式：发送者从一套大家都熟悉的潜在信息中选择一条，利用接收者监控的信道传输一串0和1，再由接收者识别这些信息。

在香农之前，拉尔夫·哈特利已经发现类似方法是研究信息传输的正确路径。但是，香农的发现有一个不同之处：在多数情况下，发送者更有可能选择某些信息，来让通信时使用的平均符号更少。举个例子，试想一下一位发送者要传输由英文字母组成的较长信息。如果前两个字母是 t 和 h，会严格限制接下来可能会发送的其他字母，例如发送者接下来输入的字母不可能是 x、q 或 z，但是接下来发送字母 e 的可能性会非常高。（跟著名的英国计算机科学先驱艾伦·图灵一样，香农也在第二次世界大战期间参与了密码破译工作，所以他很了解某些字母会比其他字母的使用频率更高。）

香农认为，在这种情况下，发送者与接收者提前设定好将符号转换为字母的规则，这就是协议[3]。协议要充分考虑到各种可能性，但平均来看，这可以大幅削减通信所需的符号数量。

为了更好理解，可以设想下述场景：你负责监测某一指标，这个指标可用于评估某设备的关键部分。这一指标的刻度值一共是 256 个——从 -127 到 128。项目的总工程师需要你每 10 分钟上报一次读数，由于对方在另一栋楼工作，于是你架设了电报线路，利用二进制编码的点和线来传输这个读数，这样就不必每次都去她面前报告。

想通过这种方式工作，你和工程师必须事先就如何给刻度值编码达成协议。最简单的方法就是把 256 个刻度值都设定为独一无二的点线顺序。举个例子，比如读数 -127 在传输时是"点—点—点—点—点—点—点—点"，读数 16 在传输时是"线—点—线—点—点—线—线—点"。通过简单的数学计算，2 的 8 次方等于 256，而 8 个点和线的组合正好是 256 个，因此你可以为每一个可能的读数分配特定的排列顺序。

基于这一协议，你需要为每个读数发送 8 个电报符号。因为电报按钮用起来让人烦躁，手也会很痛，所以你想减少每次必须发送的符号数量。根据香农的理论，这时你就应该考虑不同读数的可能性。假设你知道读数几乎总是 0，因为这是设备正常的运行状态。如果出现了别的读数，说明机器出了问题，而且是罕见问题。具体来说，你预计 99% 的时间里，读数都应该是 0。

那么你和工程师可能会达成一个更为详尽的协议：如果你只发 1 个点，说明读数就是 0；如果你发 1 条线，说明读数不是 0，在这条线之后，你需要继续发送 8 个点与线的组合，代表你发现的异常读数。注意，启用这个新协议之后，一旦发生最糟糕的情况，你发送的符号就会多于原本的简单协议——因为根据新协议，非 0 读数需要发送 9 个点与线的组合（1 条线加上 8 个符号），而简单协议只要求每次发 8 个符号。但如果是正常情况，新协议就只需要发出 1 个符号，而原本的简单协议则需要发送 8 个符号。如何比较两种场景的成本？香农的建议是使用详细的概率来计算平均成本。新的协议里，每条信息的平均符号数量计算如下：$0.99 \times 1 + 0.01 \times 9 = 1.08$。换句话说，如果在一个长周期里，你平均每次发读数的符号只略多于代表 0 的 1 个点，那么相比原本的协议，新的协议就大幅提升了效率。[4]

这就是香农信息论框架的核心：一个充分考虑到通信所需架构的聪明的协议，其表现远超原始方法。（这不是信息论的唯一贡献。香农的论文还说明了如何计算一个特定信息来源的最佳表现，并且革新了工程师用于降低信道噪声干扰的方法，让高速电子通信和密集的数字存储得以实现。[5]）如果没有这些洞见，下载一部电影可能动辄要好几天，而不是几分钟；你发在照片墙（Instagram）上的照片可能要一个小时才能上传，而不是现在的几秒钟。

相同的概念也应用在了数字通信以外的领域。香农这篇影响深远的论文自1948年发表后开始广泛传播，不同领域的工程师和科学家都认可了他的框架具备普遍适用性。信息论开始在数字文件和计算机网络之外的领域萌芽，从语言学到人类视野，再到理解生命本身（生物学家们意识到DNA可以被理解为一种高效率的、香农式的信息协议）。现在，我们可以再加上一个可以应用香农框架的领域：协调办公室工作。

■　■　■

在通常的工作场景下，各方的参与者要互相沟通各种各样的问题：商定开会的时间，决定共同完成的项目的下一步，解答客户的问题以及提供对某一想法的反馈，等等。这些协调活动都是根据规则来组织的，通常这些规则无须明言，也没有白纸黑字地写下来，不过有时候也会更加正式一些。举个例子，有一家小型咨询公司会定期收到潜在客户的业务询问，公司必须评估决定是否开展新业务。如果这家咨询公司深陷过度活跃的群体思维流程，那么他们回应的非正式规则可能是由相关团队成员发起一个电子邮件对话，希望最终得出个结论。相反，更加正式的规则可能是每周五早晨开例会，一起回顾本周收到的所有询问，当场决定要开发哪些客户并指定对应的负责人。不管规则正式与否，许多办公室活动都是基于某种规则来组织的。为了表达对香农的敬意，我们把这些规则统称为协作协议。

· · · ·

香农的信息论教育我们，对于一项任务而言，选择协议非常重要，因为有的协议成本更高。在经典的信息论中，一项协议的成本就是平均传输多少比特的信息量才能完成任务（就像上文列举的简单读数案例），平均传输更少信息量的协议，优于传输更多信息量的协议。不过，在评估职场里的协作协议时，我们需要让成本的概念更加精细化。

比如，我们也许能用认知循环来衡量成本，也就是一项协议占用你注意力的程度。更精确一点说，我们可以参考本书在第一部分探讨的 RescueTime 公司研究者的例子，把工作日分割成数个 5 分钟的时段。想要衡量特定协作协议的认知循环成本，我们需要计算花在协调工作上的"5 分钟时段"有多少。在上文咨询公司的情景下，用过度活跃的群体思维协议来评估新客户的需求，很有可能会产生好几十封循环往复的邮件，每封邮件都入侵了不同的 5 分钟时段，认知循环成本高昂。相反，如果选择"开会"这种协议，只需要每周开一次会就行了。假设会议需要开 30 分钟，那么这种协议占据的 5 分钟时段就只有 6 个，认知循环成本低了很多。

另一个考量职场协作协议的成本是不方便程度。如果某一协议需要漫长地等待某人接收关键信息，或需要发送者或接收者做一些额外工作，或容易导致错失时机，这就产生了不方便。我们可以试想一下用量表来衡量不方便的程度（确切的数值并不重要）。再次回到之前咨询公司的例子，过度活跃的群体思维协议可能的确在方便程度上优于每周例会协议，因为如果等到下次开会才能回应潜在客户，可能会被认为是让客户等待，是一种怠慢，有些时候甚至会导致客户流失。

香农教导我们要密切关注成本，调整协议从而找到平衡二者的最优选择。在办公的场景下，过度活跃的群体思维协议在处理客户询问时的认知循环成本太过高昂，尽管这一协议在衡量不方便的量表上表现更好。或许我们能采用每周例会这一协议，因为它在认知循环成本上更胜一筹，同时可寻找减少不便的方法。例如或许可以引入这样的标准操作流程：当有新客户发来需求时，不管是谁负责查看收件箱，都必须马上给潜在客户答复，感谢他们的垂询，并承诺在一周内予以回复——降低客户因邮件石沉大海而感到气愤的可能性。尽管这种回复方式仍然有可能让潜在客户掉头就走，但及时答复和明确预期会最大限度降低发生糟糕情形的可能性。尽管这种方法让认知循环成本略有增加，因为必须有人快速答复每一封客户发来的邮件，不过相比让每个潜在客户都引发一大串邮件的过度活跃的群体思维协议，这种成本的增加就可以忽略不计了。平均来看，这种混合式协议的成本会低于这两种协议，因此或许这是咨询公司的正确选择。

在知识型工作环境下，我们会本能地沉浸在担忧糟糕后果的心态下（如何从根本上避免这些坏事发生？），或者倾向于简单（但代价高昂的）协议带来的便利，不喜欢需要认真对待的（但是更好的）协议。信息论革命告诉我们，这些本能反应不能信任。应当花时间去建立平均成本最佳的协议，即使它不是眼前最自然的选项，但会有收获颇丰的长期表现。

■　■　■

现在，我们可以整合这些不同部分，清楚地阐述本章要探讨的核心原则。无论何种工作流程，一个关键要素就是人们协调工作的方式。这种协调需要沟通，需要参与者提前就何时以及如何沟通约定好一套规则——我们所说的协作协议。

大部分组织都默认在大多数协调活动中使用过度活跃的群体思维协议，因为建立这种协议简单，说服人们去遵照协议也很简单。这种协议的灵活性也时常能让组织避免发生最糟糕的情况。不过，香农告诉我们，如果你愿意下功夫开发更具智慧的协议，便能大幅度减少长期开销。优化协议花费的时间成本，会在你使用这个协议后降低成本并给予数倍的回报。让我们来正式地说明一下：

> **协议原则**
>
> 在职场中,通过设计来优化何时协调以及如何协调的规则,这种短期阵痛可以带来长期的高产。

本章的剩余部分将探讨使用协议原则的实际案例。你会了解企业办公时间协议的实用效果,以及限制客户与你接触为何反而会让他们更开心。你还会看到一个学术团队像一个软件开发团队一样设定日常例会,以及为什么千万不要用电子邮件来设定会议时间。这些协议远比你频繁切换于收件箱和即时聊天软件之间要复杂得多,而且有的协议还会偶尔导致坏事发生。但是在香农洞见的指引下,他们接受了这个核心理念——虽然增加了一点点复杂性,但是可以获得更出色的表现。

安排会议的协议

2016 年,我在一个企业活动小组中发表了演讲。丹尼斯·莫滕森(Dennis Mortensen)跟我同组,他在纽约经营一家科技初创公司。在后来的聊天中,我得知他是这家初创公司的首席执行官,目前公司已经脱离了隐身模式,正在接受 Beta 测试。公司的名字是 x.ai,他们的产品采用了最先进的人工智能技术来解决一个最平凡的小事:安排会议。

最初始阶段，x.ai 创造了一个名为埃米（Amy）的数字化助手。当你需要通过电子邮件联络其他人来安排会议时，你可以把邮件抄送给一个特定的邮箱，这样就能联系到埃米，然后你可以用自然语言要求这位助手帮你安排开会事宜。举个例子，你可以这样写："埃米，可以为我和鲍勃安排下周三开会吗？"埃米会通过邮件联系鲍勃，根据你和鲍勃周三的日程，找到适合开会的时间，并把开会这项活动添加到你的日历。这听起来似乎是办公室日常工作的一个微小提升，却吸引了大笔的投资。2016 年我遇到莫滕森时，x.ai 已经为埃米的自然语言界面投入了超过 2600 万美元。而到了 2018 年，他们获得的总投资额超过了 4000 万美元。[6]

自动化会议安排公司受到投资者的高度关注是有原因的：即使是过度活跃的群体思维最顽固的支持者，也无法忽视知识型工作者在处理这项最普通不过的任务时，往往效率低下又浪费时间。这种安排开会的标准协议可以称为浪费精力的踢皮球式电子邮件。尽管大家意识到会议不得不开，但因为这项任务非常麻烦却又不紧急，所以参与者们就开始了一场游戏，其中不言自明的规则就是：看你能用多快的速度把这个活儿踢给别人，哪怕只是暂时的。

"咱们应该开个会。你什么时候方便就通知我一下。"
"咱们下周开会行吗？"
"我可以。通常周二和周四时间最合适。"

"我那几天忙不过来。周五怎么样?"

"没问题,具体几点?"

"上午吧?"

"11 点不算太晚吧?这个时间我可以。"

"那个时间我得出去开会。不如再下一周?"

…………

这种协议下的认知成本高昂,因为每一封往来邮件都需要你花时间查看收件箱。更糟糕的是,一旦这种安排会议的对话展开,你就必须频繁查看收件箱并等待下一封邮件,因为在这种半同步的互动中,消失数小时会显得不太礼貌。

安排一个会议就已经够糟糕的了,但现实中大部分的知识型工作者经常要在同一时间应对许许多多安排会议的对话。2017 年,《哈佛商业评论》(*Harvard Business Review*)有一篇标题耸人听闻的文章——《停止疯狂开会》。文中指出,现在的企业管理者平均每周要花 23 个小时来开会。[7] 光是安排会议本身就是巨大的工作量,也是导致过于频繁地查看邮箱的罪魁祸首,认知成本居高不下。当你需要无休止地查看收件箱来推进众多会议安排时,执行重要认知工作的能力已被大幅消耗。这也是为什么投资者愿意花上 4000 万美元让人工智能大幅降低这类认知成本——如果知识型工作领域能摒弃浪费精力的踢皮球式电子邮件,释放出强大的生产力,那么这些投资不过是九牛一毛。

■ ■ ■

当我们寻找更好的计划会议的协议时，其实有很多解决方案的平均成本都远低于随意的电子邮件沟通。第一种，也是最极端的一种，就是聘请一位真人助理来安排你的日程并且代表你安排会议。曾经这种选项昂贵得难以承受，只有最高级别的管理者才能拥有，因为你要支付薪水给这位全职的专门人员。现在时代变了，线上的自由职业者可以提供远程服务，针对特定的任务工作几个小时，这让雇用助理变得简单不少。当我第一次使用Upwork服务雇用线上助理时，我惊讶地发现，每周我只需要付费两三个小时，她便能轻松处理好我的开会日程。安排会议的真正成本是不停查看收件箱以及对话带来的无休止打扰，但是把这些工作移交给助理之后，这些成本高昂的打扰并不会大量增加助理的付费时间。[8]

助理的经验不同，时薪也有所区别，尽管安排会议所花费的时间不同，但平均每周花40美元把安排会议的工作外包出去，并不是什么难事。当然，每个月额外花上160美元，也不是一笔小数目。根据我的经验，最有可能花这笔钱的知识型工作者是企业家，他们习惯在自己和自己的生意上投资，从而实现积极成长。而对于大型组织里的雇员来说，拿自己的钱去提升生产力的想法会有些奇怪，从外部找来一个助理来跟你的同事互动，又会引人怀疑，甚至是引来同事的敌视。所以在我的职业生涯里，我只在写作工作中聘请助理来管理大量的会议和采访需求，而不会在大学教授的工作中雇用助理。

兼职助理能顺利地安排会议，需要两个条件：第一，知道你的时间安排（何时有空）；第二，能够把新的活动添加到你的日历中。有很多工具能够满足这两个需求，而我一直使用一个名叫 Acuity 的在线日历服务。在每个学期开始时，我会在系统上手动输入此后几个月我可以开会的时间。当我的助理需要安排会议时，她就能使用在线日历，在这些有空的时间里挑选一个时间段。这项服务真正的有用之处是它也能同步我一直使用的谷歌日历（Google Calendar）。当我的助理在 Acuity 上预约了某个时间段，它就会自动同步，出现在我的谷歌日历上。同样，如果我直接在谷歌日历上安排了某个活动，Acuity 也会自动记录这段时间。

当然，你也许会问，为什么我不直接用在线日历来安排会议呢？如果有人想跟我开会，我不必转达给助理，直接让他们去在线日历上预定一个我们彼此都合适的时间。我没有采纳这种更简单且方便的方法是因为我工作中的会议各不相同，会议的需求也不尽相同。举例来说，如果会议在乔治城大学我的办公室里开，那么我只能选择在校时间。相反，如果是要预约一期播客采访，我会选择自己在家办公的时间，也方便我使用家里的工作室。有些会议紧急，我想尽快开，就得找个最近的合适时间段；相反有的会议并不紧急，我就会把它们推到之后不太忙的时间再开。如果对于每一个会议需求，我都要答复所有有空的时间，我也做不到，所以最后只能让助理去过滤这些不同类型的需求。

不过，对于大多数知识型工作来说，类型不同并不那么重要。你有一个标准的每周工作日程，有一些时间专门用于不受打扰地工作，其他的时间可以用于开会。在这种情况下，你其实并不需要一位真人来帮你安排会议。有很多在线日程管理工具都能很轻松地让其他人在你有空时安排会议。当某人提出开会需求，你只需要把自己安排日程的网页链接发给他们，请他们选择一个最合适的时间。浪费精力的踢皮球式电子邮件一去不复返，现在已经简化为一条单独信息以及在日程安排网站上的几次点击。

多人开会更有必要避免踢皮球式的电子邮件，因为安排会议的邮件会随着参会者的数量呈指数级增加。在这种情况下，可以尝试像 Doodle 这样的团体调查服务，它需要你设定一个在线调查，你先输入自己有空的多个日期和时间。随后把这个调查转发给其他的参会者，每个人查看这些时间段自己是否有空，这样就能轻松找到适合每个人的时间段来安排会议。

可以这么说，凡是每周都要设定一次或两次以上会议活动的人，绝对应该使用日程安排服务，如果工作需要，还可以找一位兼职的助理。我们实在没有理由把认知循环浪费在无聊冗长的日程安排对话上。你可能会觉得，这样做没有太大好处（发几个邮件有什么难的？），但是如果你像我一样摆脱了这些日程安排对话，那种如释重负的感觉会让你震惊。那些对话一直在侵蚀你注意力的边界，一次次迫使你重返过度活跃的群体思维式对话。

克劳德·香农的框架强调了这一事实。安排会议的协议带来了微小的不方便成本，因为你必须得设立系统，而你的同事也必须从网站上选择时间，无法简单快速地回复一封短邮件了事。但是我们节省的认知循环数量是非常可观的：安排会议协议的平均成本，远低于现在浪费精力的踢皮球式电子邮件的成本。

办公时间协议

2016年初，我在《哈佛商业评论》上发表了一篇文章，故意取了一个引发争议的标题——《一个谦卑的建议：减少电子邮件》。尽管我一直在自己的博客上记录电子邮件带来的糟糕状况，但这是我第一次在主流媒体上就这一议题发表文章，最终，这些文章集合成了你正在阅读的这本书。在回顾过度活跃的群体思维流程引发的诸多问题后，我得出了一个结论："那些愿意终结杂乱无章的工作流程、专门设计一套让创造的价值和员工满意度最大化流程的机构，可以获得巨大的优势。"[9]

在最初的草稿里，我很开心地抛出了这个论点，然后就此打住了，但是我的编辑并不认可。他指出直接摒弃电子邮件的想法实在过于少见,至少应该提出一些建议以便组织机构在不发邮件的条件下正常运营。那时我还处在思考的初级阶段,没有想出注意力资本理论的细节,所以对于编辑提出的这个问题,我没有答案。我着急地寻找着案例,最终在学术领域的一项常见活动中找到了灵感:办公时间。我在文章中解释如下:

> 这个概念很简单。员工们不再拥有个人的电子邮箱,而是每个人公开自己一天中可供联络的两三个时间段。在这些办公时间里,每位员工都要保证他人能联络上自己,不管是手机还是即时通信工具。不过,在声明的工作时间之外,就不能分散他们的注意力。如果你需要找他们,就得把事情先记下来,等待他们的下一个办公时间段。

这篇发表于 2016 年的文章并没有立刻引发反对邮件的浪潮,这让我颇感失望。一位评论家指出,办公时间这种办法并不适合员工身处不同时区的组织。这一点很正确。还有一条评论写道,比起开更多的会议,他们宁愿选择收发更多邮件。"现在提出禁止邮件,简直是亡羊补牢。"另一位评论家说,"就是办不到啊。"随着我对邮件的研究持续深入,办公时间的概念已被我放在一边。但是我后来才明白,我或许不应该如此草率地将这一解决方案抛诸脑后。

■ ■ ■

让我们回到 2018 年。Basecamp 软件公司两位离经叛道的创始人杰森·弗莱德（Jason Fried）和大卫·汉尼梅尔·汉森（David Heinemeier Hansson）出版了《跳出疯狂的忙碌》（*It Doesn't Have to Be Crazy at Work*）一书。[10] 这本书讲述了一系列培养高效率职场文化的想法，他们把这种职场文化命名为"冷静的公司"，而所有的建议都围绕着一个熟悉的策略展开：办公时间。弗莱德和汉森指出，他们公司里有很多各个领域的专家："他们可以回答统计学、JavaScript 事件处理和数据库临界点等各类问题。"如果员工对其中一个领域有疑问，可以直接"点名"让专家回答。弗莱德和汉森对此感受有点复杂："这很好，但也很糟糕。"[11]

好的一面是这些专家可以帮助同事们解决问题，或是找到效率更高的解决方案。当然，坏的一面是这些专家陷入了过度活跃的群体思维，一天中解决临时要求的时间越来越长。让我惊喜的是，他们的解决方案就是引入办公时间。现在专家们会公布每周可以回答问题的时间段。有些专家的办公时间很短，每周只有 1 小时，而另一些专家则提供了更多的时间，比如每天 1 小时。公司相信专家们能根据自身需求提出最合适的时间段。这些提给专家的问题就都限制在了这些固定的办公时间段里。

"但是，如果你周一有个问题需要解答，但是专家要周四才有办公时间，这该怎么办呢？"弗莱德和汉森问道。接着他们又直言不讳地回答："等待，这就是你要做的。"这些限制看上去过于官僚主义，但是最终在公司内部广受好评。"大多数时间里，等待并不是什么大事。"他们解释，"但是我们的专家能重新获得时间和掌控权，这可是大事。"[12]

更深入的调查显示，Basecamp 公司不是唯一一个采用办公时间的非学术类机构。我从《波士顿环球报》（*The Boston Globe*）创新经济专栏的作家斯科特·克斯纳（Scott Kirsner）那里得知，办公时间在风险投资者中一直颇受欢迎。他在"我加入了开放办公时间的运动"专栏中介绍，许多波士顿的投资公司，包括飞桥资本（Flybridge）、星火资本（Spark Capital）和北极星创投（Polaris Partners），每周都设定了固定的时间段，开放给任何有兴趣建立科技公司的人，对方可以寻求建议、推销创意或者想要牵线搭桥，并且"没有附加条件"。[13] 我曾经为自己 2012 年出版的《优秀到不能被忽视》（*So Good They Can't Ignore You*）一书，访问过硅谷的一位风险投资人迈克·杰克逊（Mike Jackson）。通过访谈我了解到，这一领域的成功需要接触各种想法和不同的人群，但如果大家都通过邮件来毛遂自荐，一不小心就会让你陷入手忙脚乱的境地。"从进门起，花上一整天的时间处理邮件，这太有可能了。"他说。[14] 办公时间可以为投资者们提供一个好方法，平衡彼此竞争的多方力量。

克劳德·香农的框架解释了为何这些案例能如此成功。对于大多数协调工作来说，比起你来我往的随意邮件，提前设定办公时间可以显著降低认知循环成本。不过必须要等到下一次设定好的办公时间才能沟通，这也可能会带来不便，同样是一种成本。不受这种延迟影响的活动最适合办公时间协议。这也是为什么 Basecamp 的专家和波士顿的风险投资者都采纳了办公时间，削减了电子邮件带来的高昂认知成本，延迟也不会严重影响日常效率。这也是 2016 年我建议用办公时间替代所有沟通时引发了争议的原因：有很多工作需要利用电子邮件进行协调，而长期延迟的成本难以承受。我的最终结论就是，对于频繁又不紧急的活动，办公时间协议能有效地降低协调成本。

客户协议

20 世纪 90 年代末，我还是个少年。当时的我对第一次互联网热潮感到无比兴奋，于是跟我的朋友迈克尔·西蒙斯（Michael Simmons）共同创建了一个科技公司。因为我们住在新泽西州的普林斯顿附近，觉得这个地址听起来颇有威望，所以就给公司取名为普林斯顿网络解决方案公司。[15] 公司的主营业务是网站设计，从利用人工编码为本地区的小型企业建立网站开始起步。不过，迈克尔在后来的工作中结识了一群专门进行网站开发的印度的自由职业者。我们很快就意识到两件事。第一，这个团队比我俩更懂网站开发；第二，按当时美国的标准来看，他们的收费相当低廉。于是我们达成了一项协议，由我们去寻找客户并管理项目，而印度的团队负责实际的绘图设计和 HTML 编码。我记得我们最初接到的合同大概是 1000 美元。自从有了新成员的加入，我们开始能接到 15000 美元到 40000 美元的合同了。当然，存在一个问题，就是 20 世纪 90 年代时我们俩还是少年，我们必须整天待在学校里，也没有手机。我们要为挑剔的客户履行大型合同，而那些难以满足的客户又几乎联络不上我们。

针对这个问题，我们的解决方案是编写了一个客户专用门户网站。每位客户有自己的用户名和密码，可以登录这个专用网站。客户登录后，映入眼帘的便是自己项目的详细信息。在这个客户专用入口里，还能看到设计示例和正式上线之前的网站预览图，同时网站上也有日历，记载着即将发生的重要进度事件。工作日志会记录每天完成了哪些工作。与项目有关的大部分实际互动都被压缩到特定的会议里，和具体的项目进程相关。每个会议都会生成对应的备忘录，记录我们所做的决定，随后我们请客户在备忘录上签字，证明他们已经同意。（我们发现，这种做法能让客户在开始开发后临时改变主意的概率降至最低。）这些签名的备忘录可以在专门网站上下载。

我们从未向客户直接解释过使用专门网站的原因（我们整天都在学校上学），但是我觉得客户自己已经发现了。我们把事情安排得井井有条，所以正在上学这件事也不成问题。如今的设计师经常抱怨他们在处理邮件上花费了太多时间，当时我们公司的工作内容也差不多，但是我们基本上不用邮件。

当然，我们不是使用更智慧的方法来进行客户沟通的唯一一家公司。本书的第一章就讲述了肖恩对自己的初创科技公司进行工作流程大改造的故事。在这个故事里，不堪重负的客户沟通让肖恩濒临崩溃。对肖恩来说，真正的崩溃始于一位极其挑剔的客户要求加入他们公司内部的即时沟通渠道——即时沟通软件上的通知音成了持续不断的嗡嗡的背景声，每条信息都是这位客户发来的让人焦虑的新需求。毫不意外的是，当肖恩终于决定用更好的方法来替代过度活跃的群体思维时，他关注的焦点之一就是如何与客户互动。

肖恩的公司开始在每项工作的客户声明中加入"沟通"部分。"我们希望客户在项目开始前就知晓这些。"他告诉我。在这个新增的部分里详细列举了客户与公司的沟通规则，这些规则还包括紧急事件发生时该如何处理。绝大部分情况下，常规做法是事先安排好每周的电话会议，随后再把书面的会议总结发送给客户。肖恩的合伙人负责客户关系，他对这种变化表达了担忧。"他担心客户对此感到不悦，因为我们是专注于用户体验的公司，所以我们提供的体验必须是顶级水平。"肖恩解释道，"但是，客户绝对是更开心了。问题的关键在于期待管理。"

■　■　■

虽然我们没有使用这个术语，但是我和肖恩在高中时各自创办的公司也选择用更好的通信协议来管理与客户之间的互动。通过这种做法，协调工作的平均成本显著降低。研究这类客户协议的案例后，我有一些有效的建议，可以帮助大家取得成功。

首先，在寻找降低成本的方法时，不仅要考虑自己，也要考量客户的成本。一项客户协议能有效运转的关键就在于它能否同时减少客户的认知循环成本。几乎没有客户真的喜欢无穷无尽地给你发邮件。相反，他们经常觉得自己被迫这样做，因为他们不知道还有其他方法能确认工作是否完成。根据我在普林斯顿网络解决方案公司学到的经验，我们给客户提供的专用门户网站并不会惹怒客户，相反客户会觉得非常安心，因为他们不必浪费认知精力来担心我们的合同。相反，如果你提供的通信协议让自己倍感轻松，但却让客户的成本增加 —— 举个极端的例子：要求客户有需求时，必须填好详细的需求表再传真过来 —— 这样就很难赢得客户。

另一个重点是清晰性。肖恩的公司在客户协议中包含了详细的描述，所有客户都要签字。这样做很聪明，因为如果他们只跟客户随口建议一下每周例会，那么客户一旦遇到小小的不便，便很有可能立刻重回过度活跃的群体思维。然而，一旦在合同中白纸黑字写下了约定，客户便会忍受小小的不便，而随着时间推移，他们就更能理解这个有限制的系统其实降低了平均成本，让自己获益良多。

最后一点，尽管你已经倾尽心血，但总有一些客户并不适合此类协议。我曾与一位沟通顾问谈话，她在华盛顿特区一家 12 人的机构工作过。她告诉我，对于大部分的客户，他们使用的是肖恩公司协议的变体：每周定期开会，随后把会上讨论的要点形成书面总结。不过他们对部分客户提供危机公关服务，在公关危机发生时，这些客户需要立即得到回复。所以对于这样的客户，协议精简为"一旦发生任何事，立即打电话"。换句话说，协议的细节要根据特定的工作类型来决定。

当然，这项方法对另一部分人难以适用，不是因为他们的工作性质，而是因为性格——喜欢纠缠、烦扰他人来凸显自己重要性的人。蒂莫西·费里斯在 2007 年出版的畅销书《每周工作 4 小时》中就详细介绍过这种情况。他谈到，为优化自己一家营养补充品公司的工作流程，他"裁掉"了一名制造压力又爱挑衅的客户。开除不良客户——这个想法本身可能就会让你神经紧张。"这段话简直吓我一跳。"科技公司 Shopify 的首席执行官托比·卢克（Tobi Lütke）说。《公司》（Inc.）杂志曾在一篇介绍费里斯的文章中写道："如果你走进商学院，建议开除一位客户，他们会把你轰出去。但是我的经验却是有必要如此，这个过程能帮你识别出真正想要合作的客户。"[16] 克劳德·香农的框架证明了开除客户的逻辑。虽然短期内你确实会损失金钱，但是会显著降低认知成本。当你开始更认真地对待认知成本后，就能轻松放弃让我们付出的认知成本与带来的财务收入不匹配的客户。

综上所述，面对客户时，一份优化的客户沟通协议是摆脱过度活跃的群体思维的关键。

非个人的电子邮件协议

很多时候，我们对日常生活中的一些方面熟视无睹，以至于难以想象还有其他选项的存在。例子之一就是电子邮件地址的典型格式——人名 @ 机构名，这样的结构简单而优雅。当你发送邮件时，邮件协议会按照路径将邮件传递到邮件地址指定的机构里，之后该机构的电子邮件服务器就会把邮件传递给 @ 符号左边的收件人。我们都觉得这样理所当然，但如果后退一步，从一个全新的角度审视，一个有意思的问题便会浮现出来：为什么电子邮件地址里的收件者几乎全部都是人，而不是部门、项目或者活动？

这一问题的答案可以追溯到历史上最早的电子邮件系统。在 20 世纪 60 年代早期，电脑还是庞大而昂贵的主机，需要专门的房间存放，还有专门的维护人员。想要使用电脑，你必须排队轮候，轮到你的时候，你才能暂时地掌控这个数字巨兽，希望它能在使用时间结束前运算出你的程序，那时可能还是用打孔卡来输入程序。麻省理工学院的工程师们对这种设定颇感沮丧，他们认为，一定能找到更好的方法让大家共享主机。1961 年，他们在麻省理工学院的计算中心建立了相容分时系统（Compatible Time-Sharing System，简称 CTSS）。这一系统为计算机世界带来了革命性的改变：多个使用者可以同时使用连线终端，登入同一台主机电脑。这些使用者并不是真的在同一时间控制电脑，相反，是庞大主机上运行的分时系统切换于不同的使用者之间——为一位使用者做一些计算，再去给另一位使用者做计算，以此类推。但是从使用者的角度来看，每个人都感觉自己好像真的承包了整台主机。

从相容分时系统到电子邮件的转变是自然发生的。相容分时系统的特点之一就是每个用户都有自己的目录，目录下是自己的文件，有的是私人的，有的是公开的。相容分时系统的早期使用者非常聪明，他们发现，可以在其他人的目录下面留下信息。到了1965年，这种行为已被标准化，成了MAIL指令，由软件工程师汤姆·范弗莱克（Tom Van Vleck）和诺伊尔·莫里斯（Noel Morris）完成。每位用户的目录下都会放置一个名为"邮箱"的文件夹。当你使用MAIL指令寄送信息给特定的用户时，这封信就会放置在那位用户的邮箱文件夹里。人们可以在自己的邮箱文件夹里使用这个工具来阅读和删除信息。

换句话说，最早的电子邮件账户就是与个人相关的，因为主机分时系统的使用者账户最初就是这样设定的。这种连接在建立之后，便沿用下来。工程师雷·汤姆林森（Ray Tomlinson）开发了类似MAIL这种分时通信工具的高级版本。他可能是最该为"人名 @ 机构名"这一邮件地址格式负责的人，这一格式随后便成了标准。[17]

把电子邮件与个人联系在一起,这一看似随意且毫无恶意的决定,最终成为过度活跃的群体思维兴起的原因之一。本书在第一部分曾经探讨过,过度活跃的群体思维放大了人类在小团体中协调行为的自然模式:没有条理,临时起意,你来我往式聊天。因为电子邮件地址与人相关,所以这一工具便能很简单地支持这类对话,让我们逐渐滑向深渊,最终陷入无法控制的通信泥潭里。如果邮件地址连接的是项目或者团队,过度活跃的群体思维可能就不会如此自然地发生,也不太容易受欢迎。

解释这段历史是想鼓励你打破陈规,不把电子邮件与个人联系在一起,尤其是当你想寻找高效率的通信协议时。切断电子邮件与人的连接会改变人们对于通信该如何展开的预期,因此你能更轻松地使用更加合理的协议重建这些预期。

让我们用本章探讨的客户沟通协议来举例说明。假设某位客户习惯于有问题就找你们公司的某个人,你可能很难消除他们对快速答复的预期。他们会把互动本身拟人化,把延迟答复等同于对他个人的侮辱(你为什么忽视我?!)。现在,想象一下每位客户都得到了一个专属的邮箱,地址格式是"客户名字 @ 你的组织名称 .com"。这样就容易打破他们原本的观念:信息是发给某个人的,这个人马上就能看到,最好赶紧回复!通过将沟通去个人化,你就有更多选择来优化它。

我采用的协议就是基于这些想法，利用协议来管理我在作者角色下的沟通。从前，我给读者们提供一个单一的电子邮件地址，我的姓名就写在邮件地址上，结果这些邮件让我应接不暇：不仅数量庞大，邮件内容也很复杂。当你认为自己是跟一个人在互动，你肯定理所当然地假设他会阅读你的长篇故事，提供详细的建议，或是安排一次通话来谈谈你的事业机会，抑或介绍自己的人脉关系给你。我曾经乐在其中，但是随着读者数量的增加，这样做的难度也提高了。

为了改进我的作者沟通协议，我引入了非个人化的电子邮件地址。举个例子，其中一个地址是 interesting@calnewport.com[①]，我的读者们可以给这个邮箱发送有趣的链接或者新闻导语。在这个邮箱地址下面有个简短的说明："我非常欣赏这些观点，但由于时间限制，我通常无法答复。"根据我的经验，如果你在个人邮箱旁边写上这个说明，势必会引起大家的反感，因为人们对于一对一互动的期待非常强烈。但是，当这段说明出现在一个非个人化的邮箱地址旁边时，就极少会收到抱怨——没有先入为主的预期，你就能从零开始设定协议。

有许多不同的方式可以在你的职业生涯或组织内部建立低成本协议，但是在大多数情况下，不再使用个人邮箱可以有效促成这些工作。

---

① 邮箱名为"趣事分享"。——译者注

简短邮件的协议

2017年，德高望重的学者C. L. 麦克斯·尼基亚斯（C. L. Max Nikias），也是当时南加利福尼亚大学的校长，为《华尔街日报》撰写了一篇特别的评论文章。他在文章中探讨的不是获得美国国家工程院和美国艺术与科学院院士的研究成果，不是他主持的60亿美元的筹款活动或者刚开放的全新校园，也不是自己在担任校长的7年里增设的100个通过赞助获得的讲座教授席位。[18] 那篇文章的主题稀松平常：电子邮件。

尼基亚斯解释，他每天收到的邮件超过300封，这带来了很大问题。"身为领导，工作的关键就是带领组织向着有意义的方向前进。"尼基亚斯写道，"但是，电子邮件的效果恰恰相反，它阻止领导完成任何积极或是有长远意义的事情。"为了避免把时间都花在"紧盯屏幕、无休止地回复邮件"上，尼基亚斯给出了一个简单的解决方案："我尽量保持电子邮件很简短——不超过短信的长度。"如果有的邮件无法用短信的长度答复，需要更多互动，该怎么办呢？尼基亚斯会直接打电话或者安排会议。"人际沟通的关键和微妙之处无法在网络空间里完整体现。"他解释道。

尼基亚斯并不是唯一一个尝试短邮件的人。2007年，一位名叫迈克·戴维森（Mike Davidson）的网络设计师在自己的博客上发表了一篇文章，题目是《电子邮件过载的低保真解决方案》。[19]

在这篇博文里，戴维森描述了自己对电子邮件通信不对称性质的不满。"寄件人经常提出两三个开放式的一句话问题，而收件人不得不回答好几段话。"他写道，"在这种情况下，寄件人只花了 1 分钟，而收件人可能需要花上 1 小时来回复。"他提出的解决方案跟尼基亚斯一样：让所有的邮件都保持短小精悍。同样，戴维森也认为手机短信的 160 字上限是一个合理的目标，但是字数统计还需要额外的插件，所以他使用了另一个简单的方法：把邮件内容压缩在 5 句话以内。

为了礼貌地跟收件人解释这项规则，戴维森建立了一个简洁的网站：http://five.sentenc.es。他在网站首页解释了这项原则，随后在自己所有的电子邮件底部都附上了这段签名：

> 问：为什么这封邮件只有 5 句话或者更少？
> 答：http://five.sentenc.es

戴维森在这篇启发性的博文中总结："公平地分配给每一封邮件相同的时间（也就是没花多少时间），让我能回应更多的邮件。"

■　　■　　■

严格限制电子邮件长度并不是什么噱头，它代表的是我们当下这个数字时代里极少有人采用的手段：给电子邮件明确的限制，说明它应该完成什么和不该完成什么。过度活跃的群体思维流程希望电子邮件成为一个中立的载体，支持有弹性、无条理并一直持续的所有对话。而简短邮件运动就是要推翻这一预期，明确规定邮件只适用于简短问题、简短答案和简短更新，如果有更复杂的情况出现，就需要更换另一种沟通方式。这一运动在当下可能会带来阵痛，但是按照克劳德·香农的框架，从长远来看可以降低平均成本。

尼基亚斯在《华尔街日报》上的评论文章中举了这样一个例子：在监督南加利福尼亚大学史上最大规模的校园扩建工程时，他会定期收到建筑施工经理发来的设计更新或是需要批准的微小变动请求（"从砖头样本到彩色玻璃的所有东西"）。这正是电子邮件的理想用途，如果建筑施工经理每次需要尼基亚斯批准时，都要打电话或是开会，那么尼基亚斯的日程就会完全沦陷。换句话说，如果有关施工的事需要实质性讨论，尼基亚斯也会立刻跳出收件箱，通过打电话来沟通。

如果使用得当，简短邮件规则能高效执行协议，在最适合的情况下使用电子邮件来沟通（快速且非同步），同时迫使人们使用更好的媒介来沟通其他事务。总是让邮件保持短小精悍是一个简单的规则，但是却影响深远。当你不再认为电子邮件是可以在任何时间、探讨任何事情的综合工具，它便会解开对注意力的捆绑。

进度会议的协议

2002 年,迈克尔·希克斯(Michael Hicks)和杰弗里·福斯特(Jeffrey Foster)以助理教授的身份加入了马里兰大学的计算机系,建立了一个研究小组。希克斯和福斯特需要指导自己的学生,而他们采取的策略几乎是每个计算机系教授都会使用的:跟每一位同学开周会,检查进度,共同研究问题。

有一段时间,这个方法是行得通的。跟很多刚入行的教授一样,希克斯和福斯特只有两三个学生需要指导,在研究和教学之外的工作量并不大。不过,他们在 2010 年发表的一篇关于生产力的技术性报告中写道,随着职业生涯的推进,这种指导学生的标准化策略逐渐"走到了尽头"。[20] 最初,他们两个人一共只需要指导两三个学生,后来发展为每个人都必须监督六七个学生。辅导工作量在增加,评议论文和撰写奖学金申请的外部要求也在增加,空闲时间进一步缩减。他们每周与每位学生的例会变得效率极低,因为时间安排总是完全相同,在半小时到一小时之间,然而这个时长几乎从不合适。有时候他们只需要 10 分钟就能汇报一下进度,而处理疑难问题则会花上好几个小时。

希克斯和福斯特的日程愈发繁忙,想要在每周的例会之外再安排额外的辅导时间实在困难。这样的结果就是,需要指导的学生被忽略了。如果某位同学遇到了问题,他可能要等上一个星期才能与导师讨论解决办法。希克斯和福斯特还注意到,一对一的会面难以在研究小组中营造集体氛围。"我们的每一个学生都是优秀的个体，而不是合作型的研究小组。"他们写道。考虑到上述问题，他们的结论很简单："很明显，我们需要做一些改变。"

促使他们做出改变的契机是希克斯在2006年参加的一个研究会议。会议上，他跟研究生时期的同学聊天，这位同学后来去了软件开发行业。这位老同学开始向希克斯介绍自己喜欢用的软件Scrum以及他的老板用这种敏捷方法来组织软件开发的工作。这个想法引起了希克斯的共鸣，回到马里兰后，他跟福斯特建议，软件开发领域的特殊组织技巧可能正好可以用来提升研究小组的运行效率。

在本书第五章有关任务看板的讨论中，我曾经笼统地介绍了敏捷方法。在这个方法的众多元素中，最能引发希克斯和福斯特共鸣的是每日会议原则。你也许还记得，在标准化的敏捷方法里，软件开发团队会将工作分解成一个个"冲刺"：用2到4周的时间，专门开发一套特定的功能。在冲刺期间，团队每天早晨有15分钟的例会。在这个会议上，小组里的每个成员都要回答以下3个问题：（1）在上次会议之后，你都做了哪些工作？（2）你是否遇到了障碍？（3）在下次会议之前，你需要做些什么？在接下来的一整天里，成员们就会为了目标完成实际工作。在软件开发领域，这种协调方式比整天反复发送邮件或者即时通信消息更有效率。为了让15分钟的限制强行生效，避免会议过长导致浪费时间，这个方法始终要求每个参会者都站着开会。

希克斯和福斯特把每日"冲刺"会议的概念应用到了自己的研究小组中。但他们不是每天都开会,而是每周一、三、五开会。他们还把会议名称改为"进度会议"。其他的细节大体不变:会议时长都是 15 分钟,研究团队的每个人都要回答那 3 个问题。他们甚至试验了站着开会,并且惊奇地发现,这样做真的能帮助他们恪守时长限制。希克斯和福斯特也会参与其中,告诉学生自己的日常活动。他们把这个修改后的系统称为 SCORE。

这套系统的关键在于,把进度会议与更加深入的技术会议区别开来。如果在进度会议上,一位学生很明显需要更详尽的讨论才能有所进展,他们就在进度会议上立即安排另一个单独的技术会议。和每周会议不同,这种技术会议只有在需要时才会安排。因为目的很清楚,所以技术会议通常也颇为高效。希克斯和福斯特指出,因为他们把原本与每位学生开的会议从日程表上删去了,所以当需求出现时,他们就有更充裕的时间来安排。

学生们是否像他们一样欣赏 SCORE 系统?两位教授对此感到好奇,于是在研究小组里展开了一项正式的调查。他们请研究生对体验中的 7 个不同方面打分,其中包括"与导师互动的质量""生产力水平"和"研究热情"。而对于在应用 SCORE 系统前就已经在研究小组里的同学,他们还多做了一项调查:评估用旧的方式来组织小组的体验。"反馈结果是齐刷刷的好评。"希克斯和福斯特总结道,"SCORE 改进了学生们在每个方面的体验。"

■ ■ ■

希克斯和福斯特从敏捷方法中借鉴的定期进度会议就是一个能够广泛应用且强有力的沟通协议。对于各种不同的知识型工作场景，每周开 3～5 次这种短会，可以显著减少整天发来发去的无组织邮件或者即时通信，因为每个人在定期会议上都已经同步过自己的进度了。在完成同等协调工作的条件下，这其实是用进度会议所需的微小认知循环成本来交换混乱的邮件沟通带来的高昂认知循环成本。希克斯和福斯特发现，定期开这种简短会议还能营造出一种势头，让人们感觉自己的工作做得更好了，生产力也提高了；它还能提升组织的凝聚力，因为每个人都知道其他人在做什么。

这种协议也带来了一些不方便，例如当你立刻就要得到问题的答案或者急需帮助来克服一项困难，却只能等到下一次进度会议才能解决，这确实让人感到困扰。不过，在我研究的应用定期会议的组织中，这种糟糕状况发生的频率远低于想象。当然，你也可以安排备用协议来缓解这种焦虑（例如"如果在下次进度会议之前有紧急事件，请来我的办公室"）。

这种通信协议有一个更大的问题需要引起注意：如果你允许进度会议的时间拖得太久且偏离重点，那么协议的效率就会急速降低。正如希克斯和福斯特的亲身经验：

2007年秋季学期，进度会议的时长接近30分钟，因为学生在会议上跟导师讨论特定技术问题的时间越来越长。虽然会议时长增加可以提供更多的技术信息，但是却无法激发整个小组的研究兴趣或带来贡献。相反，更长的会议枯燥乏味，所以我们严格要求自己，务必让会议保持简短。

在此前的调查中，许多同学都强调了会议时长的重要性。简短且有组织的会议可以带来力量，而一旦你放任会议变得松散沉闷，那么它就会沦为无聊的负担。

这种区分是很有必要的。举个学术界的例子：一组教授在一起共同完成一个项目是很常见的，比如共同撰写论文或者在系里的委员会一起工作。推进项目的标准技巧是设立定期会议，通常是每周1小时。这样做的动机是利用你日程表上的计划（这是大多数人都会尊重的传统）来激发生产力。潜藏的观点是，每周参加项目会议会激励你按时完成工作。然而这些会议跟敏捷方法的进度会议完全不同，这种会议实际上是放弃责任：承认自己无法有条理地独立完成工作，所以需要会议来强迫自己有所进展；然而进度会议则赋予你更多力量，让你独立完成更多的工作。前者每周开会的频率太低且内容模糊，占用了太多时间，人们经常在会议上顾左右而言他，用语焉不详和转移话题来逃避承诺。相反，进度会议的开会频率高，通过向参会者提问而确保了条理性：你做了什么，你接下来要做什么，有什么阻碍？这两种会议不能混为一谈。

如果你在一个有共同目标的专业组织里工作，而你觉得有太多让人分心的信息或者漫无目的的会议，那么采用进度会议的协议可以显著改变你的生产力。希克斯和福斯特发现，让人不堪重负、分散注意力的沟通互动可以被压缩为频繁召开的简短会议，这实在是令人惊叹。

第七章

专业化原则

生产力之谜

爱德华·坦纳（Edward Tenner）是一名独立学者，也是一位作家。他在 1996 年出版的畅销书《为何万物会反噬：科技与意外后果的报复》(*Why Things Bite Back: Technology and the Revenge of Unintended Consequences*) 中，提到了一个重要但被普遍忽视的 "生产力之谜"：个人电脑的出现，为什么没有像预期的那样提升生产力呢？坦纳写道："在 20 世纪 80 年代和 90 年代初期，投入巨资购买的电脑让办公室员工感觉自治、能把控全局且更有力量，而且绝对是更有生产力了。"这相当于第二次工业革命，会给工作带来深远而积极的转变。但是，到了 20 世纪 80 年代末期，大家开始觉得有什么事情不太对劲，而到了 90 年代初期，来自 "技术专家文化" 的经济学家、商科教授和咨询师们开始注意到，他们的电脑会带来的好处并未全部出现。[1]

这种怀疑部分源于一些令人沮丧的数据。坦纳引用了经济学家史蒂芬·罗奇（Stephen Roach）的一项研究。罗奇发现，1980年至1989年，服务行业在高科技上的投入增加了116%（按每位员工计算），但是员工的产出在同一时间段内只增长了不到2.2%。坦纳还引用了布鲁金斯学会和美联储的经济学家们所做的一项研究，研究计算出"从1987年到1993年，电脑及外围设备在企业产出增长中的贡献不超过0.2%"。[2]

即便没有这一数据，许多人也得出了相似的结论——电脑似乎在一夜之间普及了，却并没有兑现承诺中的好处。对于在电脑革命之前和之后都存在的行业，这种表现更为明显。我的祖父也是一名大学教授。相比我一天中的大部分时间都在跟强大的便携式电脑互动并且高速无线上网，我的祖父直到退休后才购买了第一台电脑（还是我帮他设置的），而且也没有证据显示他真的用过这台电脑。他把自己的书写在黄色便笺本上，再让助理打出来；而且他在研究时也不使用网络，因为他的办公室已经被研究资料填满，就像一座小型的个人图书馆。我的电脑曾经帮助我简化了人生中许多小规模的工作，但论及对学者来说最重要的指标——研究成果和学术影响力，我并不认为自己比祖父更成功。祖父著作等身，被莱斯大学聘请为宗教研究的名誉教授，晚年在一所大型神学院里以教务长的身份退休。

面对生产力之谜，坦纳给出了多个解释，他的主要观点之一是电脑不仅没有减少劳动，反而带来了更多的工作量。在这些额外的工作量中，有一些是直接的。例如因为电脑系统庞杂，现有的技术也会过时，所以每隔数年就必须更换。而且因为它们经常崩溃，所以要将大量时间投入到学习新系统以及维护系统正常工作上。再举个例子，当我在撰写本章内容时，我的演讲经纪人来到了我的办公室。我们谈到了职场效率低下的问题，他跟我讲述了经纪公司面临的困境：公司尝试用一个叫 Salesforce 的系统来管理客户关系，因为这一系统能满足他们特定的需求。经历了无数个小时的调试后，公司最终还是聘请了一位专家，专门负责处理这一系统。比起使用名片的传统时代，我的经纪人并不认为这个新系统真的能带来生产力的井喷。

个人电脑还导致间接劳动增加了，但这一点却十分隐蔽。坦纳注意到，个人电脑的主要问题不是把个人任务困难化，而是让任务过于简单了。为了解释这一点，坦纳引用了佐治亚理工学院经济学家彼得·G. 萨索内（Peter G. Sassone）1992 年发表在《国家生产力评论》(*National Productivity Review*) 杂志上的一篇著名论文。[3] 从 1985 年到 1991 年，萨索内研究了美国 5 家大型企业的 20 个部门，着重观察个人电脑这种办公室新科技带来的影响。

萨索内证实，员工们受雇于公司，原本是为了完成高度专业化的工作，结果花在行政工作上的时间却越来越多。"在这项研究中，大部分组织的特点是知识工作的非专业化。"他写道。萨索内发现了这种不平衡的直接原因就是本末倒置的人员结构——

专业技能人员太多，支持部门的人员太少。在寻找原因时，他直指"办公室自动化"——许多公司裁撤支持部门，只为斥巨资购买电脑系统，因为原本这些人员执行的工作现在都已经被电脑"简化"。

萨索内认为，这种交易完全得不偿失。裁撤支持部门的人员会让专业技能人员越来越远离专业化——他们不得不花费更多时间完成行政工作，因为电脑已经把行政工作简单化，完全可以自己去处理。这样做的结果就是，整个市场需要更多专业人士才能创造等量价值的产出，因为他们执行专业化工作的认知循环减少了。而由于专业人士的薪水比支持人员高出许多，所以如果用更多的专业人士来代替支持人员，这又会是一笔巨大开销。经过计算，萨索内得出结论——他研究的机构可以通过聘用更多的支持人员来让专业人士提升生产力，而人力成本可以马上降低15%。对萨索内来说，这一分析为个人电脑带来的早期生产力停滞提供了有说服力的答案。"事实上，在许多案例中，公司利用科技不仅没有提升知识专业化，反而还降低了。"他写道。

在过去的几十年中，萨索内提到的非专业化问题更加严重了。训练有素的知识型员工原本可以用头脑创造高价值的产出，但是他们的大部分时间都用来和电脑系统较劲、安排会议、填写表格、跟文字处理器交战以及跟PPT纠缠。当然，最主要的还是每时每刻收发其他人发来的各类数字信息。我们以为自己取得了长足进步，已经不再需要秘书或者打字员，但是我们从未考虑这减少了多少产出价值的工作。我对学术界的专业化缺失感到沮丧，在 2019 年，我在《高等教育纪事报》（The Chronicle of Higher Education）上发表了一篇文章，详细列举了教授们智力产出大幅减少的多种表现，主要原因就是科技进步导致的需求增加。编辑给我的文章起了一个很有煽动性的标题：电子邮件让教授们变笨了吗？。[4] 这篇文章也成为《高等教育纪事报》当年阅读量最高的文章之一。

坦纳注意到，经济学教科书在介绍劳动力市场效率时，举出的例子是城镇里最优秀的律师恰好也是最优秀的打字员。这个例子的结论显而易见——如果律师不雇用打字员就太愚蠢了。如果律师的时薪是 500 美元，而打字员的时薪是 50 美元，那么律师把打字的工作外包，自然就能有更多的时间去完成法律事务，这一点很明显。但是看起来，电脑的出现模糊了这一显而易见的事实，我们都变成了在打字机前花费大量时间的律师。

■　■　■

在这个版本的职场历史中，电脑科技的到来瓦解了知识型工作的专业化。正如前文引用的数据显示，这种转变很有可能给知识型工作领域带来了重大的经济影响。不过我们还要考虑，这对我们远离过度活跃的群体思维也有很大冲击。在非专业化的工作环境下，任务数量庞大且种类繁多，这让群体思维流程变得无法避免。不相关的任务大量涌入，让你应接不暇，但是你的日程里已经没有足够的时间来创造更聪明的工作流程——太多事情在轰炸你，以至于你没有时间把每件事都逐一纳入优化过程中。换句话说，在抵御预期外任务的狂轰滥炸时，临时且无组织的信息很快就会成为免遭灭顶之灾的唯一合理选择。

这一事实形成了一种削弱生产力的糟糕循环。当工作量超负荷时，你不得不转投灵活的群体思维流程。但是这种工作流程又会让你的注意力更加支离破碎，完成任务的效率更低。这样的结果就是：超负荷愈发严重！恶性循环继续，你最终被绝望的无效率状态彻底压垮，精心设计新工作流程的愿望已经遥不可及。

因此，如果我们想驯服过度活跃的群体思维，就必须先驯服这种去专业化的趋势。减少你需要处理的任务数量，可以让你获得喘息的空间，然后再优化工作流程——用一连串的组合拳提升生产力，就可以彻底改造你自己或者你所在组织的效率。本章要求你接受以下原则，并把它当作摆脱过度活跃的群体思维的重要步骤：

专业化原则

在知识型工作领域，少做一点事情，但更加负责地提升每件事的完成质量，是显著提升生产力的基础。

"少即是多"的概念，可能会在一开始让人觉得不安，尤其是在竞争相对激烈的职场环境里。减少接手的任务数量或者推掉自己专业之外的工作，可能会让人担心这样显得自己缺少团队意识，甚至可能会丢掉工作。但是，格雷戈·麦吉沃恩（Greg McKeown）在他2014年出版的畅销书《精要主义》（*Essentialism*）中提出，结果可能恰恰相反。他在书中讲述了一位名叫山姆的管理人员的故事：山姆在他任职的一家硅谷公司里努力当一位"好好先生"，不管什么任务都照单全收，长期承受着超负荷的工作量。最终，公司给他提供了一个提前退休的方案。山姆考虑接受这一方案，自己再去开一家咨询公司，但是在导师的建议下，他决定尝试留在公司——只不过他不再事事都接受，他只接手那些他认为重要的工作。结果山姆发现，自己并没有什么可损失的，如果雇主对此失望，自己还能接受退休方案，去做自己想做的事情。

根据麦吉沃恩的叙述，山姆停止了在最终期限前接下报告的任务，也剔除了第一个回复邮件的习惯。对于那些跟自己无关的电话会议，他不再参加，他明白那些发给他的会议邀请并不意味着他非得参加。他开始更频繁地说"不"。如果他感觉自己没时间把某件事做好或者这件事并非优先级的任务，他会直截了当地拒绝。山姆担心自己的做法有点"任性"，但是他的担心纯属多余。没有人对他不满，相反，其他人都仰慕他的通透。山姆的工作质量提高了，主管还奖励了他职业生涯里最高的一笔奖金。[5]

山姆的故事凸显了一条我们容易忘记的真理：没有什么比持

续创造价值更加宝贵,也没有任何工作方法比专注于真正重要的事务而更能让人满意。本章接下来要讲的策略可以帮助个人和组织转向山姆这样的专业化:在这种状态下,你可以做更少的工作,但是完成的质量更高。在这种状态下,我们可以摆脱过度活跃的群体思维,拥抱稍微慢一些但效率更高的工作方法。

案例研究:极限下的工作

2019年春季,我录制了瑞奇·洛尔(Rich Roll)的一期播客。在那期节目中,我们探讨了本书中的一些观点。我提到,在软件开发行业大受欢迎的敏捷方法是替代过度活跃的群体思维流程的一个有意思的例子。几个月后,就在这期播客播出后没多久,我收到了一封打印出来的信件,这封信寄到了我在乔治城大学的办公室。写信的人名叫格雷戈·伍德华德(Greg Woodward),他是硅谷的一名程序员并担任管理职位。他说,他刚刚听完我和瑞奇·洛尔的节目,对我们讨论的敏捷方法有强烈的兴趣。他认为如果我真的想了解优化工作流程的潜力,必须先了解一下他目前担任首席技术官的这家小型初创软件公司。他们采取了一种"最大限度应用敏捷方法"的流程,称为极端编程(extreme programming)。这个流程名副其实,让我大为震撼。

20世纪90年代中期,伍德华德在斯坦福大学获得了机械工程的博士学位,随后在硅谷开启了写代码和管理开发团队的职业生涯。他的毕业论文是使用一种高效算法，为美国航空航天局（NASA）的航天飞机项目进行物理模拟。他还记得进入软件开发行业的第一个 10 年，着实"令人沮丧"——日程安排堪比瀑布，产品的性能特点像小说一样厚。2005 年，伍德华德想找到一种更好的方式来写代码，他在毕威拓实验室（Pivotal Labs）找到了一份工作。这家公司在硅谷颇有名气，因为它开发软件的方式剑走偏锋，但是生产力惊人。他们把这种方法称为极限编程。伍德华德向我解释，这种方法就是永无止境地优化。"极限编程集合了所有软件开发的最佳案例。"他说，"大范围地进行调整，再摈弃不适用的。"伍德华德成了这一方法的信徒。在毕威拓实验室工作数年后，他把极限编程方法带到了他参与管理的每一个公司。

以下是极限编程的部分核心思想：参与一个大型项目的程序员被分割成更小的开发团队，小团队的人数通常控制在 10 人以内。在远程工作愈发普及的时代，极限编程开发团队依然坚持在同一个实体空间里工作，在这里，面对面的沟通比数字化沟通更重要。"我们一整天也看不了几次电子邮件。"伍德华德表示，"有时候，团队里的开发人员真的好几天都不查看邮箱。"如果你需要向团队里的其他成员询问任何事情，你都要等到他们忙完歇下来的时候，走过去直接提问。伍德华德认为这些对话"比电子邮件高效 100 倍"。

我从许多软件开发者那里听到了同一种抱怨：他们经常受到

团队之外的人的"电子干扰",比如市场部的同事或是客户。这种持续不断的打扰,导致软件开发者不得不停下原本的工作。我询问伍德华德,极限编程如何应对这些干扰。"项目经理的角色就是联系人,负责与公司其他人以及客户沟通。"他解释,"我们团队之外的人已经训练有素,知道如何将功能要求、错误报告和其他问题通过项目经理来传达……软件开发团队可以免受打扰。"项目经理会把沟通中提出的任务进行优先级排序,团队再按照顺序一项一项地处理任务,完成一项任务后,再决定接下来该处理哪个。

极限编程中比较极端的要素之一是坚持结对编程。极限编程开发者通常两人一组,共用一台电脑。"不懂行的经理会认为,两名开发者在同一台电脑上完成同一件事,生产力只有50%。"伍德华德解释道,"但事实上,你获得的生产力能高出3到4倍。"编程的重要步骤不是把指令输入电脑的机械动作,而是先构思解决方案,再转换成代码。当你与另一位开发者合作时,你们可以交流彼此的想法,找到缺陷,再用更好的角度来解决问题。

为了阐释这一概念,伍德华德举了一个例子,这件事就发生在我们对话的几周之前。当时伍德华德想到了一个提升软件特性的好点子,可以"大幅提升表现"。他在前往旧金山办公室的通勤路上想到了这个主意:"等我开始工作时,我已经把执行这个特性的策略都想明白了。"于是伍德华德坐下,向他当天的结对编程伙伴解释这个想法。他们的讨论持续了 45 分钟。在讨论中，结对编程伙伴指出了策略中的漏洞，同时发现了一些边缘化的案例，这些案例可能不会像伍德华德预期的那样表现良好。接下来，他的伙伴有了一个突破性的想法——可以去掉系统里的某个信息种类，从而避免一些严重的问题。到了中午，他们已经建立了新版的改良系统并且开始运行。伍德华德解释道："我很确定，如果是我独自推进那个想法，执行起来可能需要好几天，而现在的做法让生产力提升了 3 到 4 倍。"伍德华德认定结对编程的方式是最好的，因为它"惊人地有效"。

极限编程方法的另一个生产力来源是强度。当你跟同伴一起工作时，你必须完全专注于工作。你没办法分心查看邮件或者漫无目的地在网上冲浪，因为这样做会把你的同伴晾在那里，他只能愤懑地等着你把注意力收回。[6] 不仅如此，你身处的职场文化也期待你将全部的注意力用于解决手头的问题，还有项目经理帮你阻挡那些让你分心的事情，最终你可以把一天里的大部分时间都用在完成困难任务上。极限编程是我见过的最接近纯粹深度工作的成功案例。

在这种强度下，极限编程的另一个核心观念是"持续性的节奏"。大部分极限编程的实践者都坚持每周 40 小时的工作时间，这跟硅谷常见的 70～80 小时的工作时间完全不同。"在极限编程环境下，我们希望你进了公司就非常努力地工作 8 小时，然后就下班回家，把注意力放在其他事情上面。"伍德华德解释道。这并非故作慷慨，而是对人类心智极限的清醒认知。"在其他的公司，一般工程师每天真正工作的时长只有两到三个小时，其他时间都在网上冲浪和查看邮件。"当你真正在工作时（不是发送工作邮件，不是参加工作会议），每天工作 8 小时其实是很高的要求。伍德华德解释道，工程师在加入极限编程团队后，通常会觉得精疲力竭。真正心无旁骛地工作 8 小时，这种强度十分惊人，很多极限编程的新手在工作的第一周都是下班回家后倒头就睡。有些工程师始终无法适应这种专注的文化，或者这种文化衍生出来的令人压力倍增的极端负责制（在极限编程的办公室里不能有丝毫懈怠，也无法掩饰自己的无能）。这些工程师很快便会逃往更传统的软件公司，在那里他们可以用咄咄逼人掩饰自己的缺点，或者装模作样地摆出一副忙碌的架势，避免真正用脑力完成辛苦但能创造宝贵价值的工作。

■ ■ ■

专业化原则的核心概念就是"少即是多"。如果你在设计工作流程时能够让知识型工作者在绝大部分时间都心无旁骛地完成自己擅长的活动，你创造的总价值就远高于把精力分散到许多不同活动上。后者通常是眼前更为方便的选项，但长远来看几乎不可能是最有生产力的选择。极限编程体现了拒绝接受现状、全面专业化的可能性。

我可以想象，极限编程在大公司里肯定难以施行，但是当你看到这一流程以惊人的速度创造出伟大的成果时，这些不便都可以忽略不计。"由8～10人组成的极限编程团队，其工作量相当于40～50人的非敏捷方法团队。"伍德华德告诉我，"我见过太多了。"后者就是许多知识型工作团队所处的危险境地的写照——专业化被严重削弱，生产力提升迫在眉睫。本章的剩余部分将探讨实现极限编程的策略。

做得更少，做得更好

在2010年的一篇文章里，安妮·拉莫特（Anne Lamott）探讨了让她写作课学生倍感压力的一则忠告。[7]她告诉学生们，追求创意能够带来丰厚的回报，但"你需要时间才能实现"。她说，立志成为作家的写作者们需要理解"各种建立人际关系的疯狂形式——手机、电子邮件、短信和推特"都会给自己带来危害。如果学生们真的想创作出重要作品的话，拉莫特列举了应该减少的看似重要的活动（去健身房、打扫房间、浏览新闻）。这则忠告听上去简单直接，但做起来却没有那么容易。学生们都过着忙碌的生活，仿佛降低忙碌程度是一种退步。她写道，"我知道忙碌有多让人上瘾"，但是这种"旋风"与真正创造恒久意义以及令人骄傲的成就水火不容。

专业写作领域曲高和寡，少做一些不重要的小事，你就能做好一些重要的大事，这很有道理。我们总是想象小说家们躲进小屋，不受干扰地专注写作，对外界的干扰浑然不觉。但是我们也同意，这种方式并不适用于不那么浪漫的办公室环境。不过，专业化原则却恰恰相反，虽然大多数知识型工作的职位缺少像写作那样的自主性和目标，但是驱使作家们追求极简任务的基本动力，同样适用于任何需要专心靠头脑创造价值的认知工作。在计算机编程领域，极限编程通过一系列严格规定以及管理，经过数十年实践的打磨，才获得了这种极简主义效果。接下来，我们会研究两种策略，可以在尚未达成这种结构的知识型工作领域中适用并逐步推进。

减少工作的策略 #1：把你做不好的事情外包出去

在我为本书做研究工作的初期，我收到了一位企业家斯科特的邮件。斯科特在 4 年前创办了一家生意不错的房屋装饰公司，而在他创办公司后不久便发现自己一直超负荷工作。"大多数创业者做的事，我都做了。"他告诉我，"我有一群雇员，为了市场营销和打通关系去接触很多客户，同时积极运营着社交媒体账号。"他明确知道自己的价值是设计优雅又有创意的家具，但他还是"把每一天都花在持续不断的沟通上"。

在某个时间点，可能是在和社交媒体顾问又开过一次电话会议之后，斯科特决定终止这种被迫的忙碌。"我创业时想做的事情压根就没做。"有鉴于此，他开始想办法削减自己每天的职责。

他迈出的第一步是跟一家全国连锁的零售店签订独家的代理批发协议。这一举措不仅有效简化了配送，更让他的公司无须处理市场、销售和客服问题。随后，他找到了几家拥有足够产能的合作制造商，可以轻松完成公司的常规订单。

斯科特向这些合作伙伴"清晰、直白"地表达了自己的需求，然后授权他们自行做出决定来助推业务发展。"我不想当什么关键人物。"斯科特解释道。为了强调这一授权的重要性，他跟我讲述了一次 10 人参加的会议，他是参会者之一，然而开会的目的仅仅是确认产品上使用的新款黑色釉料。"我真是气死了。"他说，"让一个人去做决定吧，别再用电子邮件抄送每一个人，赶紧干自己的工作去！"

斯科特反馈，他现在每天收到的邮件只有几封。他的心思已经再次全部扑在他认为自己最能创造价值的领域——设计新的项目、制定大型策略以及寻找长期问题的创新解决方案。因为把大部分业务外包给零售商和制造商伙伴，斯科特眼下的利润减少了，而如果他一手包办所有事情并且足够小心，或许可以达到更高效率，获得更多收入。他还放弃了一些控制权；他不再独自维护品牌形象——从前他废寝忘食地经营社交媒体账号；他还必须接受合作制造商的原材料限制——对于这些，斯科特毫不在意。对自己的专长，斯科特全神贯注。他想设计优秀的产品，同时筹谋宏大的战略决策。而对比之前他在一个接一个的釉料选择会议之间才有一小会儿时间思考，如今公司的长期利益得到了大幅提升。

斯科特的故事证明了提升工作专业化的有效策略：把你做不好且花费大量时间的工作外包出去。践行这一策略的主要障碍是短期内你很有可能要付出一定代价，随后才能收获长期利益。例如，斯科特必须放弃一些利润和经营控制权，才能从长远角度让公司更加成功。

在大多数情况下，外包费用直接来自你的口袋。2016年，播客主持人、企业家派特·弗林（Pat Flynn）对电子邮箱的忍耐到达了临界点。他还记得自己曾经奉行"未读邮件清零"原则：在每天结束时，都要实现收件箱清零的目标。后来，随着合作伙伴和听众数量的增加，派特·弗林被占用的时间越来越多，每天"未读邮件100封"成了他的新目标。直到有一天，他注意到自己的未读邮件已经激增到了9000多封。他本来要经营自己的生意，结果却成了专业的电子邮件管理人。

派特·弗林的解决方案是聘用一位全职的行政助理。在一期名为《从9000封未读邮件到清零》的播客中，派特·弗林讲述了其中的细节：他和助理花了好几个星期才建立了一套系统，让助理能顺利地管理他的收件箱。[8] 他们制定了一本规则手册，允许助理能独立处理几乎每一封邮件，只有需要弗林本人过目时才找他。最重要的是，弗林不再觉得如果不随时查看收件箱，生意就会受影响。聘请一位高级助理价格不菲，但是弗林得出的结论和斯科特差不多：如果不能把大量时间用于进行公司的专业活动，那建立公司的意义何在？

如果你经营着自己的公司，或者你是一名自由职业者，当你发现非技能类的活动已经拖慢了你成长的步伐，你便会试图削减不重要的事务。我见过的其他案例包括聘请记账人员来处理账目和发票、使用虚拟助手来预定会议和旅行、雇用网络设计师来维护网站顺利运行、依靠社交媒体顾问在线推广品牌或是授权资深客户服务代表代替你做出决定。研究生产力的作家劳拉·范德卡姆（Laura Vanderkam）认为，我们都应该积极辨别哪些工作可以外包出去。"举例说明，经验丰富的教师没有必要再去批改学生的练习题。"她写道，"（通过技术）实现自动批改或是找学生批改，再报告成绩，这样能让老师有时间设计更好的课程，分享最佳的教学案例。"[9] 只要你开始寻找卸下非必要任务的机会，结果会让你震惊不已。

所有这些外包工作都需要花钱，或许你对关注某些工作已经习以为常，外包后这些工作就脱离了你的视线，但这也让你有更多时间去做少数对专业真正有用的事情。这一策略并不适用于每个人，但如果你有职业生涯的大把自主权，你会发现自己并非必须承受超负荷工作。外包那些你能外包的工作，这样你才能把不能外包的事情做好。

减少工作策略#2：用负责换自治

我们刚才讨论的策略非常适合那些自己当老板的人，但是在大规模机构里长期超负荷工作的人该怎么办？我从一位叫阿曼达的读者身上学到了一个有趣的解决方式，她从 2009 年开始任职于一个跨国工程设计公司。阿曼达联系我时，介绍了自己的情况：在做这份工作的前 6 年里，她埋头苦干，试图用最好的作品来获得老板的信任。但是办公室里长期超负荷的工作文化，让她的想法难以实现。

阿曼达进一步介绍，在她的公司里，有两种工作同时存在。她把第一种叫作"容易反应的简单、无脑类工作"。她解释："就是你在工位上坐着，查看你的邮箱，一整天都按照邮件的指示工作，然后回家。"第二种工作，阿曼达称之为"有意识且需要专注的、困难的创造性工作"，它需要"花费时间去思考你能为大型项目做的最重要的、长远且有影响力的事情"。在阿曼达的办公室里，第一种工作占据了主流。人们都期望你能随时查看收件箱（"我们大量地使用邮件"），而且一旦你陷入无休止地应对随机任务和需求，你就永远不可能开始第二种工作。

然而，在这种过度活跃的群体思维和长期超负荷工作的混乱状况中，阿曼达却另辟蹊径，在公司里为自己找到了有价值的利基市场。当时整个工程产业正从 2D 转向 3D 的信息模式，而阿曼达需要帮助公司完成这次转型，包括回答问题，同时为个别项目提供协助。在此期间，她读到了我在 2012 年出版的《优秀到不能被忽视》一书。我在书中建议，如果你已经在公司变得重要，你应该利用自己的职业生涯资本作为杠杆，让自己的职位变得更加令人满意。阿曼达备受启发，但依旧忐忑，所以她试着向老板自荐去担任更具战略性的角色，而不是继续回答问题以及为个别项目提供协助，她希望能为整个区域的技术战略服务。转入这个职位，阿曼达就可以完全实现远程工作，一次只需要完成少数的长期项目。

阿曼达估计管理层会拒绝她的提议，而她也准备好离开公司，以咨询师的身份提供类似的服务。然而让她意外的是，老板同意了这项安排，允许试行。"因为可以远程工作，因此我不再把'坐班'当作衡量自己对公司价值的指标。"阿曼达解释道，"我的产出才是给公司贡献的价值。所以我直接关掉邮箱，将手机设成飞行模式，给我的同事们留了紧急联络方式，然后专注于自己的工作。"她摒弃了第一类无脑工作，全身心地投入了第二类工作中。

阿曼达的安排可谓机遇与风险并存。当然，机会指的是她的职责减少了，同时，以结果为导向的评价方法让她能够摆脱过度活跃的群体思维工作流程。"因为我的日常工作不再有人监督。"阿曼达说，"所以我有充分的自由，可以规划出创造最大化价值的最短路径。"这很有可能让她为公司贡献的价值大幅增加，在这种良性循环下，阿曼达可以获得更多的自治权。

当然，风险就是她现在必须有成果。阿曼达注意到，"出现在办公室里坐班即是彰显价值"，这种舒适不仅是常见的职场文化，对许多人来说这编织了一个职业安全之网。在办公室里，忙碌程度是可以控制的：如果你决定装忙，你肯定能实现这个目标。而在仔细审查下产出高价值的成果，也就是现在阿曼达决心要完成的事情，其实是更加困难的！有创造有价值产出的决心，并不能保证期望的结果一定能实现。让我们回忆一下极限编程的研究，格雷戈·伍德华德指出，有许多开发者不喜欢极限环境，只干了几个星期就辞职了。最让他们痛苦的是哪个方面？是透明度。要么就写出优秀的代码，要么显然就是没写出来。有些人只是对这种直白的评估工作的方式感到不适。

因此，阿曼达用责任交换自治权的策略是摆脱长期超负荷工作的有力方法，但是也暗藏风险。如果你身处一个长期超负荷工作的大型组织机构中，而你拥有明显独具价值的专长，那么这项策略也许是让你改善工作流程效率和重获喘息之机的一剂良方。当然，在使用此项策略时，你不一定非要像阿曼达一样大胆。有时候只是主动请缨参与一项大型活动，就足以让你有机会忽略邮件和拒绝开会同时不至于惹恼其他人，因为你现在有一个不容置疑的借口："我很想参加，但是我手头的事情（这个大型活动）忙不过来。"不过，你很难绕开其中的经济学原理：想要获得类似自治权这样宝贵的东西，你必须以真正有价值的贡献来交换。换句话说，如果你想获得改变工作流程的自由，就必须对自己的产出尽职尽责。

■ ■ ■

有很多方法可以抗衡专业化被削弱带来的超负荷工作。此处我们探讨的策略，强调的是知识型工作的价值。对你的公司来说，并非所有的努力都能创造出相同的价值。如果你把更多时间花费在高价值活动上，相应缩短在低价值活动上的时长，那么你在整体上创造的价值就会更高。当然，短期内会产生其他的成本，例如前期的费用或是给同事带来的不便，在阿曼达的例子里可能就是职位不保。但是，正如安妮·拉莫特对写作课学生强调的：这样做永远都是值得的。这种专业化会带来小小障碍，然而，在真正重要的事情上大幅提升效率，带来的好处足以抵消克服这些障碍的痛苦。少即是多——真正的诀窍是鼓起勇气，在你的职业生涯中拥抱这一策略。

要冲刺，不要徘徊

在极限编程的案例中，核心概念之一就是一次只完成一件事，不受任何干扰，直到任务完成。这一点非常重要。这种冲刺式工作方法目前在软件开发行业已经成为共识。"冲刺"的历史可以追溯到 20 世纪 90 年代，当时 Scrum 刚刚发明出来，是软件开发领域最初的敏捷方法之一。在冲刺阶段，一个团队只完成一个特定的产品，例如给一个软件产品增加一项新功能——没有复杂的任务清单、被会议填满的日程表或是复杂的每日计划流程。[10] 这种生产力技巧在这一领域已成为公认的最佳实践。用日历邀约去轰炸一支正在冲刺中的开发团队，或是用电子邮件纠缠他们去协助不相干的项目显然是不合时宜的，这一点现在已经得到普遍认同。在大多数软件公司，开发者们在冲刺期间不回消息是完全合理的，企业文化也认同，这是当前他们分配精力的最佳方式。

当然，软件开发是一项高度专业化的工作。问题在于"为单一目标冲刺"的概念在编程之外的世界能否依然适用，能否成为一种实现专业化工作的通用方法？幸运的是，有一位科技投资基金的合伙人在过去10年里探索的正是这个问题。

■　■　■

2009年，谷歌创办了风险投资基金，把部分收入用于投资有前景的科技初创公司。这个基金就是谷歌风投（Google Ventures）。2015年，谷歌风投脱离母公司，成为一家名叫GV的独立公司，谷歌的母公司Alphabet依然是其唯一有限合伙人（资金来源）。GV和谷歌之间的密切关系，让这家搜索引擎巨擘的软件文化无可避免地复制到了GV公司，其中的一个概念就是冲刺的价值。[11]

杰克·纳普（Jake Knapp）是GV公司的合伙人，他熟知软件开发中的冲刺。在谷歌工作时，纳普曾经通过执行这一策略，帮助团队提升了效率。纳普来到 GV 公司后，开始实验性地把这一工具应用于其他类型的商业挑战中。终于，他设计出了这项策略的改进版，称之为"设计冲刺"。设计冲刺的目的是帮助公司有效地响应关键问题，这需要管理人员连续 5 天（几乎）不受干扰地专注于手头的问题。2016 年，在将这种冲刺应用于他们投资的一百多家公司后，纳普与 GV 公司的另外两位合伙人约翰·泽拉茨基（John Zeratsky）、布雷登·科威茨（Braden Kowitz）出版了《设计冲刺：谷歌风投如何在 5 天内完成产品迭代》（*Sprint: How to Solve Big Problems and Test New Ideas in Just Five Days*）一书，把设计冲刺这一方法介绍给了更多的人。[12]

设计冲刺是为了帮你确认团队或组织应该把精力用在什么上面。在传统的职场中，这些决定通常需要耗费数月，不断地开会、辩论和发出无数封的邮件，最终的结果是在新产品或新战略上花费大笔投资，但是收效甚微。设计冲刺试图压缩这类工作，将最初的讨论直到接收最终决策的市场反馈压缩到一个十分高效的工作周。第一天，确定要解决的问题；第二天，构思一些不同的解决方案；第三天，做出艰难的选择，选择其中一个解决方案开始探索，并把它转化为一个可以测试的假设；第四天，组合出一个大致的原型，可以测试这个假设；第五天，也就是最后一天，把这个原型提供给真正的客户，听取他们的反馈。这种冲刺被用于测试新产品和广告策略，甚至用于决策一个概念是否会有相应的市场。

设计冲刺提倡专业化，因为参与者必须连续 5 天都专心致志地解决一个重要问题。这种一心一意的关注,实际上能达到何种程度? 我对此表示好奇。于是,我联系了杰克·纳普,询问一个核心问题:"在设计冲刺期间,大家还会查看邮箱吗?"他向我解释了冲刺期间的铁律:"没有笔记本电脑,没有手机,没有平板电脑,什么都没有。"唯一的例外是第四天可以使用电脑,如果建立原型需要电脑的话。当纳普在指导团队冲刺时,他告诉大家可以设定"不在办公室"的自动答复,这样大家就不会因为失联而痛苦。(有些参与者会担心自己脱离了过度活跃的群体思维,于是纳普将自动回复称为"减压阀"。)

冲刺时段从上午 10 点一直到下午 5 点,参与者在冲刺时段之前和之后都允许使用电子产品。在休息时间,参与者也能查看电子设备,但是必须要在进行冲刺的房间外查看。纳普告诉我,他还设想过一种更极端的方式,就是在这一整周里禁止团队进行任何外部通信,以便能"更深度地专注并产出更好的结果"。但是他还是觉得这种方式难以推广,毕竟这需要说服一组现代社会的知识型工作者彻底失联 5 天。不过停顿了一下之后,纳普指出,一旦他们"体验过这种失联的裨益",这个想法看起来就没有那么极端了。

■　■　■

杰克·纳普的设计冲刺流程非常适合为事业的未来制定重大

决策，此外还有很多知识型工作领域同样可以证明冲刺的高效率。举个例子，我曾经和一位传播顾问谈及她公司的大型活动策划合同。在接受这类合同时，负责该项目的同事会安排一次办公室内的工作坊，有时会持续好几天。团队成员自我隔离，制订活动的最佳行动计划。我们可以想象，在推进一个重大的开放式问题的学术研究团队里，同样适用类似的冲刺方法。实际上在《深度工作》一书中，我探讨了沃顿商学院教授亚当·格兰特如何使用这一策略，从而成为沃顿历史上最年轻的终身教职的教授之一。

大多数知识型工作者既受工作使命和任务约束，又被传统的工作方法束缚，往往无法简单地用一次勇敢尝试来减少工作负荷。冲刺过程则提供了另一种间接选择，如果你想复制冲刺式文化，虽然这无法在短期内减少其他的工作，但是可以限制其影响，这能让你在专业化工作与过度活跃的群体思维之间来回切换（这肯定比长期处于后者中更好）。

定期冲刺也有助于从长远角度改变工作量，让独立的知识型工作者可以更轻松地说服组织，减少工作任务的总量。在被过度活跃的群体思维占据的典型办公室里，如果你要求减少工作量，很可能等同于懒惰怠工（为什么你能少做事情？）。不过，在冲刺已成为主流文化的办公室里，你可以强调专注行为创造的巨大价值，同时指出那些造成长期超负荷工作的琐事才是妨碍价值创造的罪魁祸首。一旦你能清晰地把假装忙碌与提升财务指标的冲刺一分为二，坚持前者更重要的说辞便不攻自破。

任何冲刺流程想要取得成功，必须让每个参与其中的人都心服口服。当你在冲刺阶段，你必须确信自己真的可以离开收件箱和聊天渠道，并且不会因此造成他人的沮丧或不满。如果你是自己的老板，你必须跟客户解释清楚，你的工作在冲刺模式时别人无法联络到你。如果你在大型组织里工作，对冲刺的热情必须是自上而下的。不过，这种定期冲刺一旦被接受，它带来的益处很快就会显现。正如杰克·纳普解释的，冲刺的最佳体验之一就是激发参与者的热情。长期的超负荷工作让人们陷入悲惨境地。当我们有机会逃离它的魔爪，去做真正擅长的事情，用专业技术创造最佳成果，工作便能从乏味的案牍劳形变成真正能带来满足感的事情。

分配注意力

前文曾经提到，2019 年，我在《高等教育纪事报》周刊上发表了题为《电子邮件让教授们变笨了吗？》的文章。这篇文章讨论的不仅是电子邮件。我审视了学术领域常见的混乱的工作流程，这些流程在诸多方面削弱了教授们的生产力。我探讨的问题之一就是行政服务。在大多数大学里，教授们都需要分出一些时间帮助学校运营，例如审核入学申请材料、出席各类委员会会议或是参与大学自治。这些职责对于学术生活来说是很基本的。不过,问题在于教授们无法控制这些任务是如何分配的。"典型的做法是对所有服务要求一律来者不拒。"我写道,"直到你劳累过度,绝望地想赶上进度。"

作为对这篇周刊文章的回应,哲学教授布鲁斯·詹兹(Bruce Janz)详述了高等教育领域服务职责繁重的问题,他写道:

> 问题很多时候出自行政人员的态度,他们认为自己这套高效的新流程就是史上最佳,教职工只需要填点小表格、稍微付出一些时间、做点事情就行。当然,问题也来自那些以规划、支持或集思广益等为目的而成立的委员会,每个委员会都需要同一批人再额外多付出一些时间。问题还出自这些管理委员会都认为没必要合并同类项或是将事情合理化,于是相同的工作便一做再做。[13]

正如詹兹所分析的,学术领域超负荷服务的主要原因就在于,教职工提供服务的要求从根源上就是不对等的。如果你在大学里负责一个行政部门或是负责筹办一个委员会,那么从你的角度来看,要求我或者布鲁斯·詹兹列席会议、参与调查或是审阅文件,这完全是理所应当的。你并没有要求我们付出大量时间,而我们提供的小小帮助对你的宏大目标有着举足轻重的作用。如果拒绝,我们似乎就太不近人情,甚至是彻头彻尾的反社会了。

当然,问题是这些要求会积少成多。如果有 20 多个行政部门和委员会都提出同样"合理"的要求，我们就会被与研究和教学目标毫无关系的工作淹没。这种做法不仅效率低下，还让我们的挫败感激增。

这种情况已经蔓延到学术领域之外。知识型工作者普遍被类似的不对等要求推入了长期超负荷工作的深渊。市场部轻松发出开会邀请，请你对一项新产品的推广活动发表意见，你的老板也可以简单快速地发一封邮件，要求你为团队安排一系列午餐研讨会。拒绝这些请求中的任何一个都会让你显得恶毒或懒惰，但是这些"简单"请求累积起来，最终会让你忙到无法喘息，而且永远干不完。

在极限编程的案例研究中，解决这一问题的方案是从根本上禁止公司其他人直接要求程序员做任何事情。程序员们关注的焦点应该始终是任务序列里最高优先级的工作。如果你需要找他们，可以跟他们的项目经理沟通，项目经理会评估为此打扰程序员是否合理，他们始终维护着程序员撰写代码的首要目标。

令人扼腕的是，这一模式不能普及到所有的知识型工作岗位。举个例子，如果教授们停止所有的服务工作，大学的运营就难以为继。同理，尽管极限编程团队的程序员可以隔绝打扰，但许多其他的知识型工作者仍然要回答问题和响应需求，因为这是协作的核心。我们真正需要的是想办法满足这些工作需求，但不让任何人做得太多。在那篇文章当中，我提出了这样一个想法。

"解决方案之一是直面服务职责带来的零和交易。"我写道，

"教授们的时间总量是固定的……我们不能忽略这一事实,我们应该把交易的时间算个明白,需要事先说清楚每位教职工每年投入服务的预期时长。"按计划,教授们不能超出事先与系主任协商好的本学期服务总时长。

这种服务时长预算更接近一种思考实验而非具体计划,但是这凸显了超负荷工作的关键性事实:对于这种情况大家已经习以为常,其严重性不为人知。教授们不知何故,总是忙忙碌碌。在这种无差别的忙碌中,给别人再增加一项工作简直易如反掌。让我们想象一下实施一条新规定——服务时长需要精确计算,如果没有系主任的明确准许,不得超出固定限额。在这种情形下,想要达到极端超负荷的服务时长就会变得困难。举个例子,如果你是系主任,斥巨资聘任了一名顶尖学者,而当你收到一项申请,要求将她每周的服务时长提高到 30 个小时去应付各种服务要求,你肯定很难签字同意!当你看到尖锐而醒目的数字时,超负荷工作的合理性就不攻自破——顶尖人才的大部分时间都用来完成行政工作了,那为何要大费周章地请他们?当这些数字很模糊时,我们就只会耸耸肩,轻易接受"大家都很忙"的事实。

在更广泛的知识型工作领域,服务时长预算是一个对抗超负荷工作的有力策略。想要推行这一策略,有 3 个关键点。第一,必须以你的时间和注意力有限为前提。第二,你必须要量化投入在这类工作中的时间和注意力。第三,不管是谁决定你该干多少工作,当要求你做更多工作时,都必须考虑你现在手头上的工作量，即使负责人是你自己。[14]

在学术界，这种策略已经在一个小小的领域普及了——同行评议。学术出版需要同一领域的教授提供同行评议，因此，大多数教授都会收到审阅论文的邀请。一个常见的策略是把这些需求控制在一个固定的数量，也就是每学期审阅多少篇论文。一旦你达到了这个数量，就可以礼貌拒绝额外的要求，因为自己的审阅额度已经用完。这种方法非常奏效，因为它提供了你无法再承担更多工作的理由，他人迫使你接受这次同行评议的唯一方法只能是暗示这个理由不怎么好。

如果你请我评审一篇论文，我只是简单地答复："我不知道——我真的挺忙的。"那么你继续朝我施压简直轻而易举："我知道你忙，但是这对我真的很重要。你能不能找点时间帮帮我呢？"反过来，如果我说："我真希望我能帮你，但是我已经达到了每学期审阅10篇论文的上限了。"你要反驳的话，就必须说："你每学期审阅的论文完全可以超过10篇。"这显得理屈词穷，因为10篇论文已经很多了，这一上限是十分合理的。

走出学术圈，我见过的另一个成功应用预算策略的领域是计算深度工作与浮浅工作的比例，这一概念是我在《深度工作》中提出的。想践行这一想法，你需要提前跟上级确认好自己每周用于核心技能工作的时长，也要商量好其他浮浅的支持性工作或是行政工作占用的时长。这样做的目的是保持这两类工作的平衡，让你对公司的贡献最大化。接着你可以对自己的工作时长进行衡量和分配，再报告你是否达成了最佳比例。

在《深度工作》出版后，许多读者都反馈这项策略很成功，因为这迫使你的领导重视工作量。假设你擅长某项有价值的工作，你的领导肯定不愿让你一直淹没在浮浅工作里，因为当一切都摆在明面上的时候，这样做显然是不合理的。当你反馈当前的时间分配情况时，你就能更容易地获得改变的权利，减轻超负荷的工作量。

预算策略另一个常见的应用方式是开会限额，即控制你日历上有空开会的时间段。这些时间段加起来，应该等于你认为一周内可以用来开会的合理时长。当你收到开会邀请时，只安排在这些时段里，这样会议数量便不可能超负荷。如果你使用共享日历或是在线日程工具，你连"不"都不用说了：想要安排会议的人会发现你所有的时段都已经占满了。

这项策略在拥有高度自治权的企业家中特别受欢迎。我认识一位公司创始人，他对员工和客户的要求很简单：中午之前不能开会。这让他每天都能心无旁骛地专注于重要工作。我认识的另一位创业者甚至更加极端：与公司外部人员开会的时间段只有周四下午这一个选项。想要等到他下次有空，等上好几个星期也不稀奇。他也毫无愧疚之意，因为他正在为事业而努力。

在过程原则那章，我们曾讨论过任务看板，这也是一个做工作量预算的有力工具。使用任务看板来组织工作有两大好处：每个人需要完成的工作量一目了然，而且任务看板有一套有条理的系统，通常进度会议便能让你了解所有人的任务分配情况。想象一下你所在的团队正在使用任务看板。如果你的工作已经是"日理万机"，看板上就会体现得一清二楚，团队领导自然很难再给你增加工作量，尤其是其他人工作负荷较轻的时候。当你必须超负荷工作时，你需要承担的庞大工作量也是有目共睹的，这意味着你能多劳多得。反过来，在过度活跃的群体思维占据主流的职场中，这些任务都得靠电子邮件临时分配，你很可能发现自己在超负荷工作，而且这种牺牲无人知晓。

最后这一点非常重要，因为它会让超负荷遭到忽视，造成不公平的待遇。我在第五章的开头曾经提到，如果你忽视公司的经营状况，便会出现霍布斯式的情况：咄咄逼人且难以相处的人能少做工作，而通情达理的同事都负荷过重。已故的诺贝尔物理学奖获得者理查德·费曼（Richard Feynman）曾有一段著名的采访——为了把委员会的工作降到最少，他的策略就是把工作做得一团糟，最后便没人找他帮忙了。极少有人能这样厚着脸皮，罔顾人情世故。难道我们真的要奖励这样做的人吗？

卡内基梅隆大学的教授琳达·巴布考克（Linda Babcock）领导的研究团队发表了关于这一议题的重要研究结果，证明这种情形是如何不成比例地对女性施加了巨大影响。[15] 在实地研究和实验室研究中，研究者都发现女性比男性更有可能自愿完成"无关升职的"服务性任务。相比男性，女性也更频繁地接到要求去做此类任务，接到要求时，女性也更经常地同意。"这给女性带来了严重后果。"研究者注意到,"如果她们不成比例地担负起没人看见或是毫无影响的工作,会大大延长她们的晋升周期。"

如果我们对工作如何分配持无所谓的态度,在当下肯定更加便利。试想我在分配一个项目,肯定不想面对我的团队成员已经做了多少工作的现实——我只想把项目做完!但是,这种糊涂状况带来的便利会让你付出真正的代价。它阻碍了能提升生产力的专业化,而且还会不成比例地惩罚某些群体。当你被迫正视一个人做了多少工作,如果再随随便便就把他的工作负荷增加到极限,那就是一种极端行为了。换句话说,当我们预计知识型工作者可以完成多少工作时,负责制有助于合理决策。

超级充电支援

任何试图转向专业化的尝试,都面临一个重要问题:一旦每个人都少做事情,剩下的工作谁来干?事实上,这些任务中的一大部分会直接消失,因为大家已经看得很清楚了,这些工作其实对有价值的产出毫无助益。举个例子,使用极限编程的程序员们用于开会和答复邮件的时间比其他同事要少,但是在没有这些多余活动的情况下,他们任职的公司也运转良好。不过,在转向更加专注的工作时,不可避免地会产生一些无法消除的、没人想管的行政事务。想要处理这些剩余工作,方案之一就是扭转爱德华·坦纳和彼得·萨索内发现的知识型工作专业化被削弱的趋势，增加支持型工作的人手。

大部分现代化的知识型工作组织都把个体当作综合用途的电脑，执行创造价值和行政工作混杂的任务——通常分配也是不平等的，而且不会为大型目标做任何优化。相比之下，在一个专业化的组织里，员工往往被分成两类：一类几乎只专注于高价值产出，就像极限编程团队里的软件开发工程师一样；另一类则几乎只关注维持组织运转的后勤工作。正如萨索内的研究所指出的那样，按这种方式聘请更多的支持性人手不一定会影响利润。当你让专业人士更专注于本职工作时，他们的产出就更多，这些额外增加的价值完全可以抵消雇用支持性人手的开销。相比之下，迫不及待地削减工资支出，让每个人都用电脑界面来处理行政工作，这不过是徒劳无功地创造简化流程的幻觉。在知识型工作中创造价值的认知工具在这些新要求下，遭到无情消耗，甚至停滞不前，而肤浅的数字则模糊了这种损耗程度。

重新回到区分专业化工作和行政类任务的文化，是我们摆脱过度活跃的群体思维以及显著提高生产力的关键。不过，这并不意味着我们必须要倒退到《广告狂人》（*Mad Men*）式的支持方法，即办公室电脑革命之前的样子——每个办公室都配有专门的助理坐在门外的办公桌前听候差遣，主管们自己听写备忘录，还有专门人员一路小跑推着信件车以及递送咖啡。此后的几十年里，科技进步日新月异，可以为我们提供更高水平的支持。既然要重回专业化状态，我们就应该为实现这项转变的支持性角色提供"增压器",让他们变得更有效率,并且更令人满意。

以下是一些实现目标的思路。

增压思路 #1:结构性支持

维罗妮卡(Veronica)曾担任一所大学的客户服务代表,负责解答问题以及处理订单。在她的办公室里,所有的沟通都通过电子邮件来进行。"我感觉自己上班就是为了'解决'所有的邮件。"她说,"有时候,我在办公椅上一坐就是 8 个小时,甚至更多,只为了清空我的收件箱。"换句话说,她的工作是超负荷的真实写照 —— 各种任务无休止地涌入,让维罗妮卡疲于应付。她解释道,在那个时候,她以为这不过是"正常工作"。维罗妮卡跟许多支持性人员一样,都是通过电子邮件与外界联系。完成工作难道还有其他形式?她很难想象。

后来,维罗妮卡换了工作,来到了地方法院系统的公共部门任职。这和之前她在大学里的工作大致相同:她要处理法务费用,同时更新案件的档案。但是有一个重要原因,让她的感觉大不相同:新的工作不在办公室里使用任何电子通信。维罗妮卡解释道,这里有一套量身定制的案件管理系统,所有案件的信息都在这个系统上输入和更新。不过,支持性人员之间的沟通全都是实体化的。工作人员处理每种不同任务都有一个专门的工作流程,特定的书面文件会由一个人传递给另一个人。根据法律要求,有些案件中传递这些文件还需要签名或另外的副本,以留存书面记录。如果你有一个非正式的问题，你可以直接找相关人员当面提问。

有人会说，如果利用数据网络，这些老掉牙的工作流程里的每一步都能更有效率。举个例子，你完全可以在邮件里添加一个 PDF 附件，毕竟亲自走到对方的办公室看起来似乎是在浪费时间。在维罗妮卡之前任职的办公室里，每件事都用据说"更高效"的电子邮件来处理，但她并不认同这一点。她用"交易式处理"来形容自己在新办公室的工作。如果有人需要什么东西，他们需要亲自拿过来，当时就把工作办结。拿着表格穿过楼道可能确实比发邮件要慢，但是从生产力的角度来说，维罗妮卡并不觉得这样降低了效率。当你的注意力不再被分割得七零八落，或者反复切换于眼下的事情与邮箱里逐渐堆积的非同步对话之间，那么每一项任务花费的时间都会减少。

维罗妮卡还列举了无电子邮件办公室的另一项不太明显的好处。"因为我们整天都是面对面的真人互动，同事情谊也更浓厚。"她说原来的工作让她倍感疏离，因为整天都面对着一块屏幕。同时，无邮件办公室还有心理上的裨益，因为收件箱里不再塞满了各种任务，这些任务到来的速度总比你的处理速度要快。"最棒的是现在我能在办公室把所有工作做完。"她告诉我，"你不可能把任何工作带回家。"

从维罗妮卡的经历中，我们应该学到的不是重回纸质办公方式，而是了解对于支持性工作而言，工作流程才是最重要的。维罗妮卡的这两份工作是同一类型的支持工作，但是第一份工作默认采用过度活跃的群体思维，而第二份工作更加精心组织，让支持任务更有条理。两份工作的区别也很明显：第一份工作让维罗妮卡郁郁寡欢且效率低下，而第二份工作完全扭转了这一局面。

想要打造一个可持续的专业化组织，支持性角色就需要这种有条理的流程。如果你招聘一位新的支持人员，直接给他们分派一个收件箱，再说一句"加油干"，这只能导致悲惨结局和高离职率。想要成功引进支持人员，需要更系统化的工作流程。根据工作的种类不同，这些流程的运转细节也可能有很大差异。不过，总的来说，任何流程都要把每个步骤描述得清清楚楚。面对下一步的工作时，支持人员不应该感到无所适从，因为这样的不确定性会消耗精力，进而引发无休无止又让人沮丧的临时对话。

不仅如此，我们还要牢记重要的一点——交互式处理工作，通常胜于同时进行多个工作。如果可能，可以在设立流程时让支持人员一次只完成一件事，并且是面对面亲自处理问题（而不是你来我往进行电子对话）。当下看来，快速发送信息似乎是节省时间，但是当每一个人都这样做的时候，每一条信息最终都会被淹没在收件箱里，难以在任何事上有合理进展。

增压思路 #2：建立支持人员和专家之间的智慧界面

为了让我的工作邮箱保持条理性，我建立了一个邮箱筛选器，可以自动将邮箱里的行政类通知移出，标记为"稍后再看"。建立筛选器的流程很简单：每次在主邮箱里收到行政类信息，我就把发件人的地址添加到筛选名单里。结果没过多久，我又变得应接不暇了。目前，我的筛选名单里有 27 个不同的寄件人邮箱——每个寄件人都会定期发送行政通知。从某个时间点开始，我干脆放弃了更新筛选名单，因为实在有太多部门想要争夺我的注意力了。

我在乔治城大学遇到的问题，在大多数大型知识型工作组织内都很常见，问题的根源在于每个支持部门多少都在单打独斗，都想尽可能高效率地完成自己的内部目标。对于这 27 个，甚至更多的部门来说，定期给我发送邮件是完全合理的。他们有需要传达的信息，而发送大量电子邮件很明显就是完成目标的一种"高效"的方法。

反方向的互动也有同样的问题。每个在大型机构上班的人都熟悉这种痛苦——支持部门要你填写意思模糊的复杂表格才能获得某些服务。如果我们把每个支持部门都视为一个尽可能高效完成自己目标的迷你型独立单位，这些复杂表格就合理了：如果支持人员可以让每个人在对自己最有用的表格里填入信息，他们处理起来就更容易。

当然，问题在于这些支持部门不是独立的机构，它们在大型机构内部运转，而它们的内部效率并不一定会影响组织的财务情况。在大多数知识型工作环境中，专业人士直接产出价值，支撑着组织的运转。就这种现实而言，支持部门更好的目标应该是这样的：高效率地履行他们的行政工作职责，同时对专业人士的影响尽可能降到最低。认真思考一下，这可能意味着支持部门不必那么高效率，这对组织来说反而会更好。

这个概念与我们主题的关联在于专业人士与支持人员互动的界面。就拿邮件列表为例，假如每个部门都自由发挥，那么设计出来的界面肯定是自己操作最方便的，很快大家都会淹没在无法妥当处理的海量沟通中。这样看来，更好的界面也许是一份共享的每周通信，其中包含了所有通知，同时附上链接，可供感兴趣的人进一步了解详情。这一规则可能会让支持部门的工作难度稍有提高，因为他们不能简单地随时发个通知了事，但这样做依然能传播信息，而且还能减少干扰。

我们再设想一个更加极端的例子，一个组织需要一位专家的时间和注意力（例如停车办公室需要他填写更新车证的表格，或者差旅办公室要求他提前登记所有的旅行），这些要求都会先送到"注意力资本巡查员"的手上，他可以剔除没有必要的要求，整合其他要求，也许还能与支持部门协商，让这些要求更容易完成。这听起来有些荒诞，但果真如此吗？举个例子，谷歌已经斥巨资为专业开发者免费提供食物，并且发放干洗服务补贴，从而帮助高薪的开发人员创造更多价值。在这种背景下，巡查员的工资成本跟他释放的价值比起来，或许是微不足道的。

换个方向，我们也可以设想同时优化一下专业人员用来联络支持部门的界面，目标是尽可能减少对专业人士时间和注意力的影响。在消费者互动领域，过去 10 年一直流行隐形使用者界面，这种界面极其简单和灵活，以至于消费者甚至不觉得它们是界面。也许目前最普遍的隐形使用者界面就是 Alexa 和 Google Home 之类的数字化助手工具。你不需要在电脑目录里寻找资讯、发送消息或是播放音乐，只需要大声说出你的要求，这些工具就能明白你的需求。想象一下你身处大型组织，不必为申请假期或是提交拨款建议在复杂的网页上苦苦挣扎，只需要在聊天窗口发送你想做的事，随后便有人来到你的办公室或是给你打电话，请你提供他们所需要的信息。[16]

上述例子只是为了激发你思考，而如何优化这些界面取决于工作的具体种类。还有一种更加抽象的方法来思考这种优化——想象每个支持部门都有一个计数器，通过某种魔法，计数器可以记录本部门这周要求瓜分其他部门员工的注意力时长。所以，你的目标是让计数器上的数值越小越好，同时部门的核心功能依然能顺利执行。当然了，这种计数器并不存在，但是它恰如其分地表达了支持思路的改变。

最后我必须承认，我对自己提出的建议感到不安。迈向进一步专业化的路上，还有一个道德陷阱——享受自己工作的专业人士和超负荷工作的支持人员出现巨大分化。听上去我在建议支持部门应该更努力地工作，从而让专业人士的工作稍微轻松一点，而对此我想提出两点反驳。

首先，调整支持人员来优化专业人士的生产力，并不会让支持人员的职业生涯更加悲惨。在本章，我提到的第一个概念就是让支持工作更有条理性，避免过度活跃的群体思维带来的超负荷工作。这个概念依然适用，不过你需要将目标改为协助你的组织实现价值最大化，从而让自己的部门更高效且不需要降低工作质量或可持续性。

其次，无论我们是否喜欢这个建议，它已经是经济上的现实。如果一个知识型工作组织要在竞争激烈的市场环境下创造有价值的认知产出，那么支持部门把产出视为第一要务会让组织更加成功，远胜于每个部门都目光短浅地只关注自己内部的目标，这一点是不言自明的。任何部门都不该被轻视或被认为不重要，也没有任何人应该忍受悲惨的工作环境。但是在这些基本的原则之外，我们也必须承认一个现实，企业确实不民主，而员工也未必都能获得相同程度的工作自由。这样说可能有点难听：没有任何一个知识型工作组织是凭借人力资源部的高效率来征服市场的。

增压思路 #3：最后的手段，模拟支持人员

前文提到的两个思路，考虑的都是大型知识型工作机构里支持人员的角色。将这些想法付诸实践需要你大权在握——也许你需要是首席执行官，或者是大型部门的领导。如果你并非身居高位，只是一名员工，没有这样的控制权，但因为没有足够的支持而感到痛苦，那么我建议你模拟一下，把自己当作支持人员。

想要实现这一目标，办法是把你的时间分割成两类：专业化工作时间和支持性工作时间。举个例子，支持性工作的时间段可以是中午 12 点到下午 1 点，以及下午 3 点到 5 点。在其他全部时间里，你就像在专业化组织里工作一样，只关注直接创造价值的技术性工作。不必回复行政类邮件或是参加行政会议——只完成你最擅长的工作，就像一位极限编程的程序员一样。相反，在支持性工作时间，你就像一位全职的支持人员一样，目标就是让你的"专业人士自我"尽可能地高效。在支持工作的时间段里，不要迷失在电子邮件里，而是应当按照前文给出的建议，设立流程，把后勤作业中超负荷工作的情形减到最少。（过程原则的章节提供了可供个人使用的具体策略）你甚至可以优化职场、生活这两种身份之间的界面，例如设置一个简单的"存储罐"，"专业人士自我"可以把行政工作储存起来，随后等"支持人员自我"来处理。你可以借助一个文档或者把一个实体的塑料罐放在你的办公桌上，你可以把表格或者提醒自己的纸条扔进去（后者是大卫·艾伦原创的办法）。

如果你想进一步提升，不妨考虑一下使用两个不同的电子邮箱。当我以教授的身份工作时，就会用这种办法。我有一个学校分配给我的邮箱，我会用这个邮箱接收大学发来的所有官方信息，我也尽可能地使用这个邮箱完成行政类任务。此外，我在系里的服务器上还有一个邮箱。我用这个邮箱与其他教授、我指导的学生、博士后以及研究合作者互动。第一个邮箱属于"支持人员自我",第二个邮箱属于"专业人士自我"。

另一个进阶技巧是一整天只属于一种角色。或许周二和周四是"支持日",而周一、周三和周五是"专业日"。并不是每一份工作都允许你如此明确地区分自己的行为,但是如果可以,这种界限清晰的分割方式可以让你的思路变得通透清楚。我曾经见过实践这种方法的人,他们利用了不同场所,例如在支持日到办公室来,在专业日选择居家工作。

假装自己是两种不同性质的工作者虽然看似辛苦,但获得的效率却是惊人的。正如我们在第一部分讨论的,在支持工作和专业工作之间快速切换会降低认知能力,最终只会让产出质量更差,速度更慢。先花上 1 小时的时间用于困难项目,再花 1 小时只完成行政任务,总产出会远高于你花上两小时混合完成两种工作,在后一种情况下,注意力也会变得支离破碎。

■ ■ ■

科技把我们推向了专业化削弱和工作量暴增的深渊。当个人电脑可以让专业人士完成更多支持性工作后,专业人士的职责多得应接不暇,这已经成了新常态,也巩固了过度活跃的群体思维流程的地位——成为我们应对疯狂职场生活的最佳选项。

正因如此,当我们重新思考工作时,首先必须要提升专业化程度。让能够创造价值的知识型工作者专心使用技能,同时安排智慧、可靠的支持人员来处理其他事务。在专业化工作和支持性工作保持平衡的基础上，向更少（但是更好）的工作迈进，这才是知识型工作从低效混乱转向井井有条的根本。

结　论

21 世纪登月计划

1998 年，社会批评家尼尔·波兹曼发表了一篇重要演讲，题为《关于科技变革，我们需要知道的五件事》。[1] 他开门见山地说，尽管他对所有现代科技问题并无解决方案，但是他想要分享自己 30 多年来研究这一议题的一些想法。他的每个观点都很深入。举个例子，他提到了所有技术变革的基本平衡："新科技提供的每一个优点，都伴随着对应的缺陷。"他还指出，这些优点和缺陷从未在人口中"平均分布"。

不过，我想特别强调他提出的 5 个观点中的第四个，因为他让我对这本书的知识框架感到如释重负：

> 技术变革不是增加性的，它是生态性的……新的媒介出现，并不是增加了新东西，而是改变了所有东西。1500 年印刷术发明后，你看到的欧洲不是增加了印刷术的欧洲。欧洲已经完全不同。

波兹曼的想法解释了许多人对电子邮件这类数字通信工具感到困惑和认知不和谐的问题。理性地说，我们都知道电子邮件是一种更好的信息传递方式，远超它取而代之的老旧技术：电子邮件全球通用，速度又快，而且基本上是免费的。对于任何还记得传真机会卡纸，要费劲拆开破旧公文袋上红色捆线的人来说，电子邮件毫无疑问是解决办公室问题的优雅工具。但与此同时，我们也受够了收件箱，它能提升生产力，但它也似乎成了压力和超负荷工作的来源。这种两极反应——欣赏和厌恶——不仅让人迷惑不解，也让许多知识型工作者垂头丧气地辞职了。

借鉴一下波兹曼的想法，我们就可以厘清自己的思路。我们都倾向于将电子邮件视为增加性的，认定 2021 年的办公室不过是在 1991 年的办公室里增加了快速通信。但事实并非如此，电子邮件不是做加法，而是生态性的。2021 年的办公室从整体上变成了截然不同的办公室——这里的工作永不结束，信息流动都是临时性的，毫无条理可言，这就是我说的过度活跃的群体思维。我们从未这样工作过，但今日我们已彻底沦陷在这种群体思维的需求中，我们被浮浅的忙碌折磨得精疲力竭，努力想完成重要工作，同时感到愈发悲惨。

在本书的第一部分，我不仅定义了过度活跃的群体思维，解释了它如何从多种方面冲击了我们的工作、生活，还仔细研究了它无处不在的复杂力量（结果发现与管理学家彼得·德鲁克早期坚持的知识型工作者自治有很大关系）。我认为，电子邮件让过度活跃的群体思维流程成为可能，但这并不是不可避免的。换句话说，我们不是非要这样工作不可。本书名为《过度互联》，其实只是方便理解的简写，对于我的愿景更为精确的描述应该是：不以过度活跃的群体思维来工作的世界。

之后，我在本书的第二部分将关注点从这种工作流程的负面影响上，转到取代这种流程带来的积极机会。在本书后半部分提出的最重要的发现或许就在第一章——我注意到，从1900年到2000年，一般人力劳动的生产力提升了50倍。这一点之所以重要，是因为创造了知识型工作这一名词的彼得·德鲁克在晚年评估了知识型工作者的生产力，发现知识型工作者的生产力跟1900年的体力劳动者差不多。换句话说，对于这个新兴的经济部门该如何最优运作，我们甚至连皮毛都未触及。接下来我们提到，如果打破过度活跃的群体思维工作流程的窠臼，生产力提升的潜力可能是惊人的——可以带来数千亿美元的GDP增长，甚至更多。一位知名的亿万富翁也是硅谷某公司的首席执行官，他跟我一样热衷于这个议题，他最近在讨论中说："知识型工作者的生产力是21世纪的登月计划（指不可能实现的事情）。"

为了搭建这一重要的庞大计划，我引入了注意力资本理论。一旦你接受了知识型工作的主要资本是受雇佣的人类大脑（或者更精确地说，是这些大脑产出更有价值的新信息的能力），那么根据基本的资本主义经济原理，你的成功显然取决于如何利用这一资本。从这一理论出发，过度活跃的群体思维只不过是利用这一资本的众多方式之一。过度活跃的群体思维流程的优点是容易上手且灵活性强，但缺陷是资本的回报率过低。我们应该对此耳熟能详，因为从一开始的简单利用到转变为更复杂但是利润更高的资本利用方式，这类故事在上一次技术与商业破坏性的大碰撞时期也发生过很多次，那正是工业革命时期。

第二部分的余下章节探讨了设计更智慧的工作流程的不同原则——用更高效的方式完成知识型工作，而不是放任每个人都被收件箱紧紧束缚，随波逐流。后面几章的思路并不是综合指导文件，因为我是一个学者，而非企业管理专家，但是我希望实践这些原则的细节能激发大家拓展新的思路，为你所在的组织或是职场的特定场景去量身制定策略。

■　■　■

在演讲接近尾声时，尼尔·波兹曼说："过去，我们在经历技术变革时仿佛梦游……这种形式非常愚蠢，尤其是在技术发生巨大变革的时期。"他的话完全正确。从合理的历史尺度来看，数字时代的知识型工作只是近期才有的现象。如果认为技术突破后立刻出现的、东拼西凑的简易工作流程就是组织新型复杂工作的最佳方式，这简直是罔顾历史，目光短浅。当然，我们的尝试并非一次就能成功。这本书的目的可不是逆着潮流，抗拒科技。当代的卢德主义者是那些怀念过度活跃的群体思维的人，在科技日益发达的世界里,他们宣称根本无须努力改善工作方式。

一旦理解知识型工作令人沮丧的概况,我们便会发现,我们不仅有潜力让工作更有生产力,还能让它更令人满意且可持续。这肯定是最让人兴奋,也最有力的挑战。"我们必须睁大眼睛前进。"波兹曼总结道,"这样才能利用科技,而非让科技利用我们。"如果你也是被收件箱折磨得精疲力竭、沉溺于无休止的联络、渴望有更好工作方式的数百万人之一,那么现在正是你睁大眼睛的时候。

致　谢

在完成《深度工作》后，我几乎是马不停蹄地开始了本书的撰写。当时我对于"数字网络折磨知识型工作者"这一复杂议题的了解不过是蜻蜓点水，但我尽力想把这些连续的思路整合成一个有用的框架。2015年秋天，在《深度工作》准备印刷之际，我思考着下一步的工作，来到了马里兰州贝塞斯达的巴诺书店（遗憾的是，现在这家书店已经歇业关闭）。在平装书展示区，我突然看到了杰伦·拉尼尔（Jaron Lanier）的《互联网冲击：互联网思维与我们的未来》(*Who Owns the Future?*)一书，他在书中批评了网络架构对经济的影响，同时也提供了大胆而清晰的替代方案，让我印象深刻。我站在书店的过道里，举着这本书，突然有了新的发现，解救了挣扎在研究与直觉泥沼中的自己：如果工作不需要电子邮件呢？

我"推销"这一想法的第一个对象就是我的妻子朱莉，从我21岁与兰登书屋签下第一个合同开始，她就一直帮我整理和打磨这些书里的概念。她是我早期所有作品的关键过滤器，是她的积极回应让本书得以开始。第二位聆听我观点的是我一直以来的写作经纪人和出版导师洛瑞·阿波克梅尔（Laurie Abkemeier），更不可思议的是，我们也是从我 21 岁起就开始合作了。她也鼓励我继续拓展这一概念。由此，漫长又绞尽脑汁的一段研究过程开始了，最终这本书顺利付梓。我在 Portfolio 出版社的编辑尼基·帕帕多普洛斯（Niki Papadopoulos）和出版发行商阿德里安·扎克海姆（Adrian Zackheim）非常热情，买下了本书和我的另一本作品《数字极简》(*Digital Minimalism*)。在成书过程中，尼基继续扮演着核心角色，她润色语句，锻炼了我处理这类议题的方法——我对此常怀感激。我还必须感谢 Portfolio 出版社的宣传团队——玛格特·斯塔马斯（Margot Stamas）和莉莉安·博尔（Lillian Ball），我们曾在《数字极简》出版时密切合作，本书出版时我又幸运地与她们再次合作。我还要感谢玛丽·凯特·斯科汉（Mary Kate Skehan）的市场协调工作，以及金伯利·梅伦（Kimberly Meilun）对出版细节的掌控。

这些年来，听我讨论书中概念的作家同侪、朋友、家庭成员和邻居不计其数，他们还提供了充满智慧的建议，在此我无法一一列出他们的名字，但是他们慷慨的反馈改进了我的思路。最后，我想特别强调《纽约客》的编辑约书亚·罗斯曼（Joshua Rothman）对这本书的贡献，是他邀请我就本书讨论的问题撰写了两篇文章。这些重叠的工作帮助我更迅速地收集了文献，而他从编辑角度的指导也提升了我对这些议题的思考和写作水平。

参考文献

序　言　过度活跃的群体思维

1. Chris Anderson, *Free: The Future of a Radical Price* (New York: Hyperion, 2009), 4.
2. Radicati Group, Inc., *Email Statistics Report*, 2015–2019, Palo Alto, CA, March 2015.
3. Jory MacKay, "Communication Overload: Our Research Shows Most Workers Can't Go 6 Minutes without Checking Email or IM," *Rescue Time* (blog), July 11, 2018, https://blog.rescuetime.com/communication-multitasking-switches/.
4. Gloria Mark et al., "Email Duration, Batching and Self-Interruption: Pat- terns of Email Use on Productivity and Stress," *Proceedings of the 2016 CHI Conference on Human Factors in Computing Systems*, May 2016, 1717–28. See table 2.
5. Adobe, "2018 Consumer Email Survey," August 17, 2018, www.slideshare.net/adobe/2018-adobe-consumer-email-survey.

第一章　生产力下降的根源

1. Victor M. González and Gloria Mark, "'Constant, Constant,

Multi-tasking Craziness': Managing Multiple Working Spheres," Proceedings of the 2004 SIGCHI Conference on Human Factors in Computing Systems, April 2004, 113–20. I call this paper "famous" because it has been cited more than seven hundred times and is almost universally mentioned in articles and studies about distraction and attention in the modern workplace.

2. González and Mark, "'Constant, Constant.'" Table 1 of this paper captures an early form of the data indicating this swap. During my interviews with Mark, she elaborated and clarified this data, including pointing out some outlying data points. The portrayal of the data described in my text matches her updated explanation provided in this personal correspondence.

3. Judy Wajcman and Emily Rose, "Constant Connectivity: Rethinking Inter- ruptions at Work," *Organization Studies* 32, no. 7 (July 2011): 941–61.

4. Gloria Mark et al., "Email Duration, Batching and Self-Interruption: Pat- terns of Email Use on Productivity and Stress," *Proceedings of the 2016 CHI* Conference on Human Factors in Computing Systems, May 2016, 1717–28.

5. Victoria Bellotti et al., "Quality Versus Quantity: E-mail–Centric Task Management and Its Relation with Overload," Human-Computer Interaction 20 (2005): 89–138.

6. Gail Fann Thomas et al., "Reconceptualizing E-mail Overload," Journal of Business and Technical Communication 20, no. 3 (July 2006): 252–87.

7. Stephen R. Barley, Debra E. Meyerson, and Stine Grodal, "E-mail as a Source and Symbol of Stress," Organization Science 22, no. 4 (July–

August 2011): 887–906.

8. Radicati Group, Inc., Email Statistics Report, 2015–2019, Palo Alto, CA, March 2015.

9. Jory MacKay, "Communication Overload: Our Research Shows Most Workers Can't Go 6 Minutes without Checking Email or IM," Rescue Time (blog), July 11, 2018, https://blog.rescuetime.com/communication-multitasking-switches/.

10. Jory MacKay, "The True Cost of Email and IM: You Only Have 1 Hour and 12 Minutes of Uninterrupted Productive Time a Day," Rescue Time (blog), May 10, 2018, https://blog.rescuetime.com/communication-multitasking/.

11. Deirdre Boden, The Business of Talk: Organizations in Action (Cambridge, UK: Polity Press, 1994), 211. It should be noted that Boden was not unreservedly positive about this development in knowledge work. She also predicted that these "interactive" workplaces would be "technologically complex" and "interpersonally demanding."

12. See, for example, this classic paper on the prefrontal cortex and attention, which has been cited more than ten thousand times since its 2001 publication: Earl K. Miller and Jonathan D. Cohen, "An Integrative Theory of Prefrontal Cortex Function," Annual Review of Neuroscience 24 (March 2001): 167–202.

13. Adam Gazzaley and Larry D. Rosen, The Distracted Mind: Ancient Brains in a High-Tech World (Cambridge, MA: MIT Press, 2016), 77.

14. A. T. Jersild, "Mental Set and Shift," Archives of Psychology 14, no. 89 (1927): 1–81. This paper, along with other key papers on executive control functions that I consulted, was brought to my attention by the

useful literature review included in the following paper: Joshua S. Rubinstein, David E. Meyer, and Jeffrey E. Evans, "Executive Control of Cognitive Processes in Task Switching," Journal of Experimental Psychology 27, no. 4 (2001): 763–97.

15. Gazzaley and Rosen note that these experiments are easy to try on yourself at home. They suggest the following version: Time how long it takes to go through the alphabet from A to J, and then through the numbers from 1 to10. Next, time how long it takes for you to combine these tasks by dual counting: i.e., A1, B2, C3, and so on. You should notice a difference, as the letter and number counting draw on two different networks.

16. Sophie Leroy, "Why Is It So Hard to Do My Work? The Challenge of Attention Residue When Switching between Work Tasks," Organizational Behavior and Human Decision Processes 109, no. 2 (July 2009): 168–81.

17. Paul Graham, "Maker's Schedule, Manager's Schedule," July 2009, www.paulgraham.com/makersschedule.html.

18. "Marshall Retires as Chief of Staff," George C. Marshall Foundation, November 17, 2017, www.marshallfoundation.org/blog/marshall-retires-chief-staff/.

19. For more on George Marshall's career timeline, see "George C. Marshall: Timeline & Chronology," George C. Marshall Foundation, www.marshall foundation.org/marshall/timeline-chronology/.

20. Lt. Col. Paul G. Munch, "General George C. Marshall and the Army Staff: A Study in Effective Staff Leadership" (research paper, National War College, Washington, DC, March 19, 1992), https://apps.dtic.mil/sti/citations/ADA437156.

21. Christopher C. Rosen et al., "Boxed In by Your Inbox: Implications of Daily E-mail Demands for Managers' Leadership Behaviors," Journal of Applied Psychology 104, no. 1 (2019): 19–33.
22. For more on the history of help-desk software, see, for example, Arthur Zuckerman, "History of Help Desk Software: Evolution and Future Trends," CompareCamp.com, February 2015, https://comparecamp.com/history-of-help-desk-software-evolution-and-future-trends/.
23. The primary source for this quote is a 1983 interview of Angelou conducted by Claudia Tate (in Conversations with Maya Angelou, ed. Jeffrey M. Elliot [Jackson: University Press of Mississippi, 1989], 146–56). As with many compelling anecdotes about artists' creative habits, I first came across this quote in Mason Currey's underground classic book Daily Rituals: How Art- ists Work (New York: Knopf, 2013).
24. An addendum to this tale: When I followed up with Sean in 2019, three years after my initial interviews, his company had by then dissolved—for personal reasons unrelated to productivity, I hasten to add—preventing me from reporting on how his shift from the hyperactive hive mind evolved over time. In more recent correspondence, however, Sean assured me that if he ends up once again leading a large team, he plans to put in place simi- lar alternatives to the hive mind—the sound of Slack notifications still makes him shiver.

第二章 我们悲惨生活的罪魁祸首

1. Harry Cooper, "French Workers Gain 'Right to Disconnect,'" *Politico*, December 31, 2016, www.politico.eu/article/french-workers-gain-right-to-disconnect-workers-rights-labor-law/.

2. Gloria Mark et al., "Email Duration, Batching and Self-Interruption: Pat- terns of Email Use on Productivity and Stress," Proceedings of the 2016 CHI Conference on Human Factors in Computing Systems, May 2016, 1717–28.

3. Fatema Akbar et al., "Email Makes You Sweat: Examining Email Interruptions and Stress Using Thermal Imaging," Proceedings of the 2019 CHI Conference on Human Factors in Computing Systems, May 2019, 1–14.

4. These concluding remarks come from Mark et al., "Email Duration."

5. Magdalena Stadin et al., "Repeated Exposure to High ICT Demands at Work, and Development of Suboptimal Self-Rated Health: Findings from a 4-Year Follow-Up of the SLOSH Study," *International Archives of Occupational and Environmental Health* 92, no. 5 (2019): 717–28.

6. Leslie A. Perlow, *Sleeping with Your Smartphone: How to Break the 24/7 Habit and Change the Way You Work* (Boston: Harvard Business Review Press, 2012), 5.

7. Perlow, Sleeping with Your Smartphone, 5. We'll revisit Perlow's answer to this question in more detail in the next chapter, but the short version is as follows: no one ever did decide that this workflow was a good idea; instead, in Perlow's estimation, it emerged somewhat haphazardly from an uncontrolled behavioral feedback loop.

8. John Freeman, The Tyranny of E-mail: The Four-Thousand-Year Journey to Your Inbox (New York: Scribner, 2011), 12.
9. Douglas Rushkoff, Present Shock: When Everything Happens Now (New York: Current, 2013), 95.
10. James Manyika et al., "Disruptive Technologies: Advances That Will Trans- form Life, Business, and the Global Economy," McKinsey Global Institute, May 1, 2013, www.mckinsey.com/business-unctions/mckinsey-digital/our-insights/disruptive-technologies.
11. This report from the Federal Reserve estimates more than sixty million "nonroutine cognitive" jobs in 2016: "Job Polarization," FRED Blog, April 28, 2016, https://fredblog.stlouisfed.org/2016/04/job-polarization/. In 2016, the size of the US labor force was approximately 156 million: Erin Duffin, "Civilian Labor Force in the United States from 1990 to 2019," Statista, January 30, 2020, www.statista.com/statistics/191750/civilian-labor-force-in-the-us-since-1990/.
12. As the researchers who study extant hunter-gatherer groups are careful to emphasize, it's a fallacy to portray these tribes as somehow existing un- changed from our Paleolithic past—these are cognitively modern humans with regular interactions with modern society. As Yuval Noah Harari points out in the opening of his book Sapiens: A Brief History of Human- kind (New York: HarperCollins, 2015), it's also worth remembering that the very fact that such tribes still exist underscores that there must be something remarkable about them as compared with the countless other groups that shifted their lifestyles (e.g., perhaps they exist in environments too harsh to support farming-based lifestyles). All that being said, they do provide insight

into hunter-gatherer social dynamics. To avoid falling into the trap of evolutionary just so stories, when I do later extrapolate from those dynamics to forces that affect our modern brain, I do so with care, marshaling other, more contemporary strains of evidence to support the claims.

13. Nikhil Chaudhary et al., "Competition for Cooperation: Variability, Bene- fits and Heritability of Relational Wealth in Hunter-Gatherers," Scientific Reports 6, no. 29120 (July 2016): 1–7.

14. Abigail E. Page et al., "Hunter-Gatherer Social Networks and Reproductive Success," Scientific Reports 7, no. 1153 (April 2017): 1–10.

15. The definitions of what makes someone robustly connected to a social net- work are interesting but also somewhat technical. Certainly, the number of strong connections you have to other people in the social network matters, but so do other metrics, like centrality, closeness, and betweenness, which, roughly speaking, all describe how well you are indirectly connected to the network through friends, friends of friends, and so on. If you're only a few short and strong hops away from most people in your tribe—the BaYaka equivalent of Kevin Bacon—you're likely quite popular.

16. Matthew D. Lieberman, Social: Why Our Brains Are Wired to Connect(New York: Broadway Books, 2014), 9.King James Version, Leviticus 19:16.

17. William Shakespeare, Richard II, act 3, scene 2. Quote from MIT's public domain Shakespeare website: http://shakespeare.mit.edu/richardii/richardii.3.2.html. Emphasis mine.

18. Russell B. Clayton, Glenn Leshner, and Anthony Almond, "The Extended iSelf: The Impact of iPhone Separation on Cognition, Emotion, and Physiology," *Journal of Computer-Mediated Communication* 20, no. 2 (March 2015): 119–35.
19. Arianna Huffington, "How to Keep Email from Ruining Your Vacation,"
20. *Harvard Business Review*, August 23, 2017, https://hbr.org/2017/08/how-to-keep-email-from-ruining-your-vacation.
21. Richard W. Byrne, "How Monkeys Find Their Way: Leadership, Coordination, and Cognitive Maps of African Baboons," in *On the Move: How and Why Animals Travel in Groups*, ed. Sue Boinski and Paul A. Garber (Chicago: University of Chicago Press, 2000), 501. I encountered this quote in the paper cited in the next note.
22. Ariana Strandburg-Peshkin et al., "Shared Decision-Making Drives Collective Movement in Wild Baboons," *Science* 348, no. 6241 (June 2015): 1358–61.
23. The use of script for accounting purposes dates back as far as ten thousand years, but it's commonly accepted that the more general use of script that we associate today with written expression didn't begin to emerge until around 3000 BCE in Mesopotamia. Here is a good source on this history: Denise Schmandt-Besserat, "The Evolution of Writing," January 25, 2014, https://sites.utexas.edu/dsb/tokens/the-evolution-of-writing/.
24. This experiment is described here: Alex (Sandy) Pentland, *Honest Signals: How They Shape Our World* (Cambridge, MA: MIT Press, 2010), vii–viii. Some of the details of the sociometers in this description come from this magazine profile of Pentland: Maria

Konnikova, "Meet the Godfather of Wearables," *The Verge*, May 6, 2014, www.theverge.com/2014/5/6/5661318/the-wizard-alex-pentland-father-of-the-wearable-computer.

25. Pentland, *Honest Signals*, x.
26. Pentland, *Honest Signals*, x.
27. Pentland, *Honest Signals*, 5.
28. Pentland, *Honest Signals*, viii–ix.
29. Pentland, Honest Signals, 82.
30. Elizabeth Louise Newton, "Overconfidence in the Communication of In- tent: Heard and Unheard Melodies" [original title, "The Rocky Road from Actions to Intentions"] (unpublished PhD diss., Stanford University, 1990). Details on this unpublished dissertation, including Newton's interpretation and the 3 percent number, come from a summary of this work found in Justin Kruger et al., "Egocentrism over E-mail: Can We Communicate as Well as We Think?," Journal of Personality and Social Psychology 89, no. 6 (December 2005): 925–36.
31. Kruger et al., "Egocentrism over E-mail. "Sherry Turkle, Reclaiming Conversation: The Power of Talk in a Digital Age (New York: Penguin, 2016), 261–62.
32. Sherry Turkle, Reclaiming Conversation: The Power of Talk in a Digital Age (New York: Penguin, 2016), 261–62.
33. Gloria J. Mark, Stephen Voida, and Armand V. Cardello, "'A Pace Not Dictated by Electrons': An Empirical Study of Work without Email," Proceedings of the SIGCHI Conference on Human Factors in Computing Systems, May 2012, 555–64.
34. David Allen, Getting Things Done: The Art of Stress-Free

Productivity, rev. ed. (New York: Penguin, 2015), 8.
35. Allen, Getting Things Done, 87–88.
36. Victor M. González and Gloria Mark, "'Constant, Constant, Multi-tasking Craziness': Managing Multiple Working Spheres," *Proceedings of the 2004 SIGCHI Conference on Human Factors in Computing Systems*, April 2004, 113–20.
37. Gloria Mark, Victor M. González, and Justin Harris, "No Task Left Behind?: Examining the Nature of Fragmented Work," Proceedings of the SIGCHI Conference on Human Factors in Computing Systems, April 2005, 321–30.
38. Brigid Schulte, Overwhelmed: How to Work, Love, and Play When No One Has the Time (New York: Picador, 2015), 5.
39. Sheila Dodge, Don Kieffer, and Nelson P. Repenning, "Breaking Logjams in Knowledge Work: How Organizations Can Improve Task Flow and Prevent Overload," MIT Sloan Management Review, September 6, 2018, https://sloanreview.mit.edu/article/breaking-logjams-in-knowledge-work/.

第三章　电子邮件有自己的想法

1. The story of the CIA's pneumatic tubes and the general push for practical asynchrony is adapted from my 2019 New Yorker article on the history of email: Cal Newport, "Was E-mail a Mistake?," Annals of Technology, New Yorker, August 6, 2019, www.newyorker.com/tech/annals-of-technology/was-e-mail-a-mistake.
2. According to the CIA historians I consulted during my research, office net- working technology was a big part of the reason the tube system

was not expanded during the headquarters renovation. It was clear by the 1980s that pneumatic tubes were quite old-fashioned compared with the newly arrived ability to communicate with electrons through wires.

3. Erik Sandberg-Diment, "Personal Computers: Refinements for 'E-mail,'" New York Times, May 26, 1987.
4. Anne Thompson, "The Executive Life: Forget Doing Lunch—Hollywood's on E-mail," New York Times, September 6, 1992.
5. John Markoff, "Computer Mail Gaining a Market," New York Times, De- cember 26, 1989.
6. Stephen C. Miller, "Networking: Now Software Giants Are Targeting E- mail," New York Times, May 31, 1992.
7. Peter H. Lewis, "Personal Computers: The Good, the Bad and the Truly Ugly Faces of Electronic Mail," New York Times, September 6, 1994.
8. The value of the fact that email is easy to learn shouldn't be underestimated. As Gloria Mark explained to me, during the 1980s and 1990s, as computer networks became more widespread, there was a lot of academic research on how best to leverage this technology to support workplace collaboration. Much of this research focused on advanced multiuser network applications that were customized for specific purposes—like collaboratively editing a certain type of document. As Mark told me, email dominated where these bespoke solutions faltered because it was so easy to learn and could be applied to many different types of work. A onetime investment in an email server could simplify collaboration in all aspects of your business.

9. The story and quote come from this Quora thread: www.quora.com/ What -was-it-like-to-work-in-an-office-before-the-birth-of-personal-computers-email-and-fax-machines. I also interviewed Stone to confirm and elaborate some of these points.
10. For a discussion and summary of Brunner's arguments, including relevant citations, see Lynn White Jr., Medieval Technology and Social Change (Ox- ford: Oxford University Press, 1966), 3.
11. White, Medieval Technology, 5.
12. White, Medieval Technology, 13.
13. White, Medieval Technology, 13.
14. As Lynn White Jr. elaborates, though Benedictine monks were trying to stop the practice, around this period many Frankish warriors were being buried with their horses, allowing modern archaeologists to dig up evidence about how these horses were equipped in battle. Also around this time, the words used to describe mounting and dismounting horses shifted from verbs that captured the action of leaping up on a horse to verbs that captured more of a stepping behavior.
15. White, Medieval Technology, 2.
16. Neil Postman, Amusing Ourselves to Death: Public Discourse in the Age of Show Business (New York: Penguin, 1985), 51.
17. For more on this history, see chapter 1 of my previous book: Cal Newport, Digital Minimalism: Choosing a Focused Life in a Noisy World (New York: Portfolio/Penguin, 2019).
18. Blake Thorne, "Asynchronous Communication Is the Future of Work," I Done This (blog), June 30, 2020, http://blog.idonethis.com/asynchronous-communication/.

19. Radicati Group, Inc., Email Statistics Report, 2015–2019, Palo Alto, CA, March 2015.
20. Michael J. Fischer, Nancy A. Lynch, and Michael S. Paterson, "Impossibility of Distributed Consensus with One Faulty Process," Journal of the ACM 32, no. 2 (April 1985): 374–82.
21. For the interested reader, the high-level summary of this impossibility proof unfolds as follows. Every consensus algorithm must, at some point, have each machine look at the messages it has received so far and determine whether to proceed or abort. Regardless of what rule you use to make this decision, there must be some boundary between proceed and abort, where changing just a single message pushes you from one decision to the other. The proof essentially brings a lot of machines right up against this boundary, then crashes the machine that sends the key message halfway through its sending, meaning that some machines receive the message and some don't—leading to conflicting decisions. Interestingly, if you're allowed to flip coins and are satisfied with an algorithm that solves the problem with high probability, then it is solvable. Similarly, if you assume any sort of reasonable time-out on how long to wait for a machine before you know for sure it has crashed, you can also solve the problem.
22. I was at the ceremony in Paris where Lamport was awarded his prize. In typical French fashion, the government officials in attendance wore impeccable suits. In typical computer scientist fashion, Lamport wore shorts and a T-shirt.
23. Leslie A. Perlow, Sleeping with Your Smartphone: How to Break the 24/7 Habit and Change the Way You Work (Boston: Harvard Business Review Press, 2012), 2.

24. Perlow, Sleeping with Your Smartphone, 8.
25. Perlow, Sleeping with Your Smartphone, 5.
26. Douglas Rushkoff, Present Shock: When Everything Happens Now (New York: Current, 2013), 100.
27. Aviad Agam and Ran Barkai, "Elephant and Mammoth Hunting during the Paleolithic: A Review of the Relevant Archaeological, Ethnographic and Ethno-historical Records," Quaternary 1, no. 3 (February 2018): 1–28.
28. "Is Your Team Too Big? Too Small? What's the Right Number?," Knowledge@ Wharton, June 14, 2006, https://knowledge.wharton.upenn.edu/article/is-your-team-too-big-too-small-whats-the-right-number-2/. This article is also the source of the information about Ringelmann's research summarized in the discussion that follows.
29. Information on Drucker's early life, including his parents' salons, can be found at the Drucker Institute's bio of its namesake: www.drucker.institute/perspective/about-peter-drucker/.
30. One of many places where this epithet is bestowed: Steve Denning, "The Best of Peter Drucker," Forbes, July 29, 2014, www.forbes.com/sites/steve denning/2014/07/29/the-best-of-peter-drucker.
31. Peter F. Drucker, The Future of Industrial Man (Rutgers, NJ: Transaction Publishers, 2011), 13.
32. For more on Drucker's GM engagement, see the following account: "How Drucker 'Invented' Management at GM," Drucker Society of Austria, 2009, www.druckersociety.at/index.php/peterdruckerhome/biography/how-drucker-invented-management-at-general-motors.
33. This quote is reproduced in the Drucker Institute's timeline of Drucker's life, www.drucker.institute/perspective/about-peter-

drucker/. It also appears in the April 14 entry of Peter F. Drucker, The Daily Drucker: 366 Days of Insight and Motivation for Getting the Right Things Done (New York: Harper Business, 2004).
34. Peter F. Drucker, The Effective Executive: The Definitive Guide to Getting the Right Things Done, rev. ed. (New York: Harper Business, 2006), 4.
35. Peter F. Drucker, "Knowledge-Worker Productivity: The Biggest Challenge," California Management Review 41, no. 2 (Winter 1999): 79–94. Italics in the original.
36. Lloyd didn't use the phrase "tragedy of the commons." This label was introduced later in a now famous article that rigorously analyzes the scenario: Garrett Hardin, "The Tragedy of the Commons," Science 162, no. 3859 (December 1968): 1243–48.

第四章　注意力资本原则

1. Joshua B. Freeman, Behemoth: A History of the Factory and the Making of the Modern World (New York: W. W. Norton, 2019), 124.
2. The details of the development of the assembly line, including the specific numbers cited in this discussion, come from two excellent secondary sources: Freeman, Behemoth, 119–26; and Simon Winchester, The Perfectionists: How Precision Engineers Created the Modern World (New York: Harper, 2018), 159–66.
3. As Simon Winchester points out in The Perfectionists (see preceding note), at the same time as the Model T's rise, Henry Royce's ultra-luxury vehicles, such as the Rolls-Royce Silver Ghost, which were hand-built by skilled crafts- men, were marketed as the height of

precision engineering. In reality, how- ever, the pieces of the lowly Model T were manufactured with considerably more exactitude—the high price of the Rolls-Royce afforded its manufacturer the labor required to hand-adjust looser parts into a tight fit.

4. Freeman, Behemoth, 123.
5. As Simon Winchester points out, American armories had geared up mass production lines years earlier. By 1913, sewing machine, bicycle, and type- writer manufacturers had also begun taking advantage of the interchange- able parts revolution to experiment with fast-moving assembly lines. Ford claims, however, that his main inspiration was actually the disassembly of animal carcasses that he had witnessed at the nearby Chicago meatpacking plants, where the knife-wielding meatpackers stood in place while the animals moved by, hanging from chains.
6. Cal Newport, "5-Hour Workdays? 4-Day Workweeks? Yes, Please," New York Times, November 6, 2019.
7. Winchester, Perfectionists, 160.
8. Peter F. Drucker, "Knowledge-Worker Productivity: The Biggest Challenge," California Management Review 41, no. 2 (Winter 1999): 79–94. Italics in the original.
9. Drucker, "Knowledge-Worker Productivity."
10. In industrial economics, the workers were considered more dispensable: a sort of generic force used to activate your main capital resources into motion. This mindset was the foundation of worker dehumanization. As I'll elaborate, one of the benefits of knowledge work versus the industrial alter- natives is that the workers are no longer dispensable, but are actually now at the core of an

organization's value, enabling the potential for much more human- centric working environments.

11. Peter F. Drucker, The Effective Executive: The Definitive Guide to Getting the Right Things Done, rev. ed. (New York: Harper Business, 2006), 4.

12. Freeman, Behemoth, 123.

13. Peter F. Drucker, Landmarks of Tomorrow: A Report on the New "Post- Modern" World (New York: Harper Colophon, 1965), 31.

14. James T. McCay, The Management of Time (Englewood Cliffs, NJ: Prentice- Hall, 1959), ix.

15. Freeman, Behemoth, 126.

16. Freeman, Behemoth, 127.

17. These details, and the connection of Modern Times to Ford's plant, come from David E. Nye, America's Assembly Line (Cambridge, MA: MIT Press, 2013), 97.

18. To explain to the younger reader born after a time when these services were more common: A telephone answering service played the role of a live voicemail system. If you needed to reach a doctor after hours, for example, you would call the practice's answering service, where a live operator would answer and pass along your information to the doctor on call. It is much cheaper to have one service implement this for many clients than to have each of those clients staff their own phone lines twenty-four hours a day.

19. Sam Carpenter, Work the System: The Simple Mechanics of Making More and Working Less, 3rd ed. (Austin, TX: Greenleaf Book Group Press, 2011), chapter 2. I had access to only an electronic version of this book on my Kindle, so I am unable to cite specific page numbers

for quotes taken from this source.

20. Carpenter, Work the System, chapter 3.
21. Carpenter, Work the System, chapter 4.
22. The income quote and notes on being number one of 1,500 in some categories come from the official website for Work the System: Sam Carpenter, "Synopsis—For Your Business: Breaking Loose," July 1, 2015, www.workthesystem.com/book/synopsis/.
23. All quotes in this paragraph are from Carpenter, Work the System, chapter 11.
24. The specific version of the autoresponder reproduced here comes from this site: https://tim.blog/autoresponse/.
25. See, for example, Adam Grant, "In the Company of Givers and Takers," Harvard Business Review, April 2013, https://hbr.org/2013/04/in-the-company-of-givers-and-takers.

第五章　过程原则

1. An interesting aside for fans of David Allen's Getting Things Done method- ology: the "tickler" file, a mainstay of Allen's modern system, comes up as a standard tool in these early twentieth-century industrial productivity discussions.
2. Joseph Husband, "What a New System of Management Did for Us," ed. John S. Runnells, *System: The Magazine of Business* 29, no. 4 (April 1916).
3. Andrew S. Grove, *High Output Management* (New York: Vintage, 2015), 33.
4. Kent Beck et al., "Manifesto for Agile Software Development," 2001,

agilemanifesto.org.

5. Modus Cooperandi website, https://moduscooperandi.com, accessed September 22, 2020.
6. Thrive, the official blog of Personal Kanban, http://personalk-anban.com/pk/.
7. Alexie Zheglov and Gerry Kirk, "Lean Coffee or an Introduction to Per- sonal Kanban," Agile Tour Toronto 2012 session, YouTube video, 1:40, https://youtu.be/aOrfRhcD6ms.
8. Bradley Miller, "Personal Kanban Scheduling Board," March 4, 2018, You- Tube video, 7:46, https://youtu.be/tTdbcoTlljQ.
9. I long ago realized that trying to generate complex numerical grades for my problem sets—e.g., scoring a problem on a scale of 1 to 15—wasn't worth the effort, and made it very hard to grade consistently. I've since shifted to a scale with three possibilities (check plus, check, or zero), which lets me and my TAs quickly and consistently assess the degree to which the student understands each concept.
10. If my TAs are undergraduates, I'll add an extra step in which we have a prescheduled thirty-minute meeting to look through the problem sets and update the grading notes together. When I use graduate TAs, however, I trust them to figure this out on their own, saving me this extra thirty minutes. When Georgetown's campus was closed due to COVID-19, we used a software tool called Canvas to make all the paper handling virtual; students submitted digital copies of their assignments, and the TAs graded them online. The process was easily adapted to this new fully electronic setup.
11. Rory Vaden, "The 30x Rule: How Great Managers Multiply Performance," American Management Association, February 3, 2015,

https://playbook.amanet.org/30x-rule-great-managers-multiply-performance/.

第六章　协议原则

1. When I was writing my master's thesis at MIT in the electrical engineering and computer science department (the field Shannon created from scratch with his 1937 work), we heard about Shannon's spectacular student efforts. In retrospect, I'm not sure if this was supposed to motivate us or demoralize us.

2. For a more complete treatment of Claude Shannon, I recommend Jimmy Soni and Rob Goodman's fascinating 2017 biography, which was the source for much of the summary that follows: *A Mind at Play: How Claude Shan- non Invented the Information Age* (New York: Simon & Schuster, 2017).

3. Information theorists would traditionally use the word *code* instead of *protocol* in this instance, but for the sake of clarity in the discussion we're having here, I'm going to use *protocol*—as in a set of communication rules agreed on in advance—as it sidesteps the colloquial associations people hold with respect to the word *code*.

4. Though he didn't have the mathematical framework required to quantify what he was doing, Samuel Morse assigned the shortest possible encoding, a single dot, to "e," the most common letter in written English, in his famed telegraph communication protocol, Morse code.

5. Prior to Shannon, communication engineers dealt with interference on channels such as telegraph or telephone wires by trying to make

the signal stronger to overcome the noise. Shannon showed the power of a *digital* approach, where you encode a single bit using multiple bits, deployed using a clever code that allows you to reconstruct the original bit even if many of those transmitted are corrupted with noise. This is how all digital communication and storage mediums now work.

6. More on the investment rounds of x.ai can be found in Kyle Wiggers, "X.ai's AI Meeting Scheduler Now Costs $8 per Month," *VentureBeat*, October 10, 2018, https://venturebeat.com/2018/10/10/x-ai-introduces-calendar-view-and-new-plans-starting-at-8-per-month/. The specific $26 million figure comes from my personal conversations with Mortensen. Interestingly, as detailed in this article, Mortensen eventually realized that having Amy communicate with natural language wasn't actually that important. The latest version of the product offers more structured interfaces for meeting planning.

7. Leslie A. Perlow, Constance Noonan Hadley, and Eunice Eun, "Stop the Meeting Madness," *Harvard Business Review*, July–August 2017, https://hbr.org/2017/07/stop-the-meeting-madness.

8. To elaborate on my use of part-time assistants, I do not, at the moment, have a permanent assistant. I tend instead to bring on assistants temporarily to help during particularly busy periods, such as those surrounding book launches. This would not have been possible in an age before web-based part-time remote work platforms.

9. Cal Newport, "A Modest Proposal: Eliminate Email," *Harvard Business Re- view*, February 18, 2016, https://hbr.org/2016/02/a-modest-proposal-eliminate-email.

10. Jason Fried and David Heinemeier Hansson, *It Doesn't Have to Be*

Crazy at Work (New York: Harper Business, 2018).

11. Fried and Hansson, *Crazy at Work*, 56.
12. Fried and Hansson, *Crazy at Work*, 57.
13. Scott Kirsner, "I'm Joining the Open Office Hours Movement, November 24th," Boston.com, November 20, 2009, http://archive.boston.com/business/technology/innoeco/2009/11/im_joining_the_open_office_hou.html.
14. Cal Newport, *So Good They Can't Ignore You: Why Skills Trump Passion in the Quest for Work You Love* (New York: Business Plus, 2012), 73.
15. The original name of the company was Princeton Internet Solutions. Mi- chael and I soon realized, however, that the resulting acronym was less than optimal.
16. Tom Foster, "Tim Ferriss's 4-Hour Reality Check," *Inc.*, April 2, 2013, www.inc.com/magazine/201304/tom-foster/tim-ferriss-four-hour-reality-check.html.
17. Here are the relevant histories from which the different aspects of the email story were pulled: Samuel Gibbs, "How Did Email Grow from Messages between Academics to a Global Epidemic?," *The Guardian*, March 7, 2016. www.theguardian.com/technology/2016/mar/07/email-ray-tomlinson-history; and Ray Tomlinson, "Frequently Asked Questions," http://open map.bbn.com/~tomlinso/ray/firstemailframe.html.
18. C. L. Max Nikias, "Why All My Emails Are the Lengths of Texts," *Wall Street Journal*, September 19, 2017, https://www.wsj.com/articles/why-all-my-emails-are-the-lengths-of-texts-1505829919. It's worth noting that a year after the publication of the 2017 op-ed

cited here, Nikias resigned from his position as president of USC. As subsequent reporting revealed, the out- ward successes of his presidency had been mirrored by an erosion of trust between Nikias and the faculty at the university, leading to unhappiness. It's probably safe to assume, however, that this ouster had nothing to do with his email habits (faculty do not have direct email access to the president at large universities), so we can still learn from his tactics for remaining productive with an overfilled inbox.

19. Mike Davidson, "A Low-Fi Solution to E-Mail Overload: Sentenc. es," MikeIndustries.com, July 17, 2007, https://mikeindustries.com/blog/archive/2007/07/fight-email-overload-with-sentences.

20. Michael Hicks and Jeffrey S. Foster, "Adapting Scrum to Managing a Re- search Group" (Department of Computer Science Technical Report #CS- TR-4966, University of Maryland, College Park, September 18, 2010), https://drum.lib.umd.edu/handle/1903/10743.

第七章　专业化原则

1. Edward Tenner, *Why Things Bite Back: Technology and the Revenge of Un- intended Consequences* (New York: Vintage, 1997), 238–39.

2. Tenner, *Why Things Bite Back*, 240.

3. Peter G. Sassone, "Survey Finds Low Office Productivity Linked to Staffing Imbalances," *National Productivity Review* 11, no. 2 (Spring 1992): 147–58. This study was also cited and summarized by Edward Tenner in *Why Things Bite Back* (cited in the preceding two notes), which is how I first came across it.

4. Cal Newport, "Is Email Making Professors Stupid?," *Chronicle*

of Higher Education, February 12, 2019, www.chronicle.com/interactives/is-email-making-professors-stupid.

5. Greg McKeown, *Essentialism: The Disciplined Pursuit of Less* (New York: Crown Business, 2014), 1–3.
6. Readers of my book *Deep Work* might identify this phenomenon as what I called the *whiteboard effect*. Generally speaking, using a common screen or board to work collaboratively with a small group on a hard problem will intensify the depth of concentration you achieve compared with working alone. Cal Newport, *Deep Work: Rules for Focused Success in a Distracted World* (New York: Grand Central Publishing, 2016).
7. Anne Lamott, "Time Lost and Found," *Sunset*, April 5, 2010, www.sunset.com/travel/annelamott-how-to-find-time.
8. Pat Flynn, "SPI 115: 9000 Unread Emails to Inbox Zero: My Executive Assistant Shares How We Did It (and How You Can Too!)," June 28, 2014, in *Smart Passive Income Podcast with Pat Flynn*, 35:22, www.smartpassivein come.com/podcasts/email-management/.
9. Laura Vanderkam, "Can You Really Spend Just 20 Hours a Week on Core Production?," LauraVanderkam.com, October 15, 2015, https://lauravander kam.com/2015/10/can-you-really-spend-just-20-hours-a-week-on-core-production/.
10. For more on Scrum sprints and the timing of this methodology's formation, see Ken Schwaber and Jeff Sutherland, The Scrum Guide: The Definitive Guide to Scrum: The Rules of the Game, November 2017, www.scrumguides.org/docs/scrumguide/v2017/2017-Scrum-Guide-US.pdf.
11. The timeline and details of Google Ventures cited come from its

website: www.gv.com/.

12. My summary of the sprint methodology comes from Jake Knapp, with John Zeratsky and Braden Kowitz, *Sprint: How to Solve Big Problems and Test New Ideas in Just Five Days* (New York: Simon & Schuster, 2016).

13. Bruce Janz, "Is Email Making Professors Stupid? That's Not the Issue," Department of Philosophy, University of Central Florida, February 12, 2019, https://faculty.cah.ucf.edu/bbjanz/is-email-making-professors-stupid-thats-not-the-issue/.

14. Laura Vanderkam recommends that individual knowledge workers start by figuring out how much time to invest in different activities, and then work backward to hit these targets, implementing a self-imposed activity budget: Laura Vanderkam, "How to Craft a Perfect, Productive 40-Hour Work- week," *Fast Company*, October 13, 2015, www.fastcompany.com/3052051/how-to-craft-a-perfect-productive-40-hour-work-week.

15. Linda Babcock, Maria P. Recalde, and Lise Vesterlund, "Why Women Volunteer for Tasks That Don't Lead to Promotions," *Harvard Business Review*, July 16, 2018, https://hbr.org/2018/07/why-women-volunteer-for-tasks-that-dont-lead-to-promotions.

16. Around the time I was writing this chapter, Georgetown began putting into place an impressive, invisible UI–style service to help professors work on academic research more effectively. The university is appointing "research coordinators" for each of the major research areas. If a professor has any questions about the administrative infrastructure surrounding their work (e.g., grant issues), they can just ask the coordinator, who will then find the right support units to get

the needed information or resolve the issue.

结 论 21 世纪登月计划

1. Neil Postman, "Five Things We Need to Know about Technological Change" (talk delivered in Denver, CO, March 28, 1998), https://web.cs.ucdavis.edu/~rogaway/classes/188/materials/postman.pdf.

© 民主与建设出版社，2024

图书在版编目（CIP）数据

过度互联 /(美) 卡尔·纽波特著；范雪竹译.
北京：民主与建设出版社，2024.11. -- ISBN 978-7
-5139-4683-4

Ⅰ. C913；TP393.4
中国国家版本馆CIP数据核字第202422Q8U9号

Copyright © 2021 by Calvin C. Newport.
All rights reserved including the right of reproduction in whole or in part in any form.
This edition was published by arrangement with Portfolio, an imprint of Penguin Publishing Group, a division of Penguin Random House LLC.

中文简体版权归属于银杏树下（上海）图书有限责任公司。
版权登记号：01-2024-4372

过度互联
GUODU HULIAN

著　　者	［美］卡尔·纽波特
译　　者	范雪竹
出版统筹	吴兴元
责任编辑	郝　平
特约编辑	舒亦庭
装帧制造	墨白空间·陈威伸
出版发行	民主与建设出版社有限责任公司
电　　话	（010）59417749　59419778
社　　址	北京市朝阳区宏泰东街远洋万和南区伍号公馆4层
邮　　编	100102
印　　刷	天津中印联印务有限公司
版　　次	2024年11月第1版
印　　次	2024年11月第1次印刷
开　　本	889毫米×1194毫米　1/32
印　　张	9.75
字　　数	197千字
书　　号	ISBN 978-7-5139-4683-4
定　　价	49.80元

注：如有印、装质量问题，请与出版社联系。